Karl Hachtmann

Olympia und seine Festspiele

Verlag
der
Wissenschaften

Karl Hachtmann

Olympia und seine Festspiele

ISBN/EAN: 9783957002617

Auflage: 1

Erscheinungsjahr: 2014

Erscheinungsort: Norderstedt, Deutschland

Hergestellt in Europa, USA, Kanada, Australien, Japan
Verlag der Wissenschaften in Hansebooks GmbH, Norderstedt

Cover: Foto ©Bildpixel / pixelio.de

Olympia und seine Festspiele.

Von

Prof. Dr. Karl Hachtmann,
Direktor des Herzoglichen Karlsgymnasiums in Bernburg.

> „Es wird in der Geschichte unvergessen bleiben, daß nach den blutigen Siegen, die das Reich begründet haben, von seinem Kaiserhaus der Anlaß gegeben wurde, in der Aufdeckung von Olympia ein Friedenswerk von dauernder Bedeutung für alle gebildeten Nationen in das Leben zu rufen."
> Ernst Curtius, Altertum und Gegenwart.
> Bd. II, S. 190.

Mit 23 Abbildungen.

Gütersloh.
Druck und Verlag von C. Bertelsmann.
1899.

Vorwort.

Aus dem reichen Stoffe, welchen die archäologische Wissenschaft den Ausgrabungen von Olympia verdankt, habe ich im Hinblick auf den Zweck der „Gymnasialbibliothek" nur das berücksichtigt, was für die Schüler unserer höheren Lehranstalten von besonderer Wichtigkeit ist. Es kam mir lediglich darauf an, die Bedeutung hervorzuheben, welche die heilige Stätte durch die nationalen Feste für die Kultur der Hellenen gehabt hat. Aus gleichem Grunde habe ich auch eine Schilderung der olympischen Spiele selbst für erforderlich gehalten, und dabei ist es mein Bemühen gewesen, durch Hinweise auf berühmte Kunstwerke aus dem klassischen Altertum das Interesse der heranwachsenden Jugend für die antike Kunst zu fördern und zu beleben. Die einschlägige Litteratur über Olympia habe ich, soweit mir dieselbe zugänglich war, für diese Schrift zu verwerten gesucht; ich nenne dabei namentlich die Arbeiten von A. Bötticher, M. Collignon, E. Curtius, A. Flasch, Guhl und Koner, R. Menge, G. Treu und J. Overbeck.

Zu ganz besonderem Danke aber fühle ich mich Herrn Geh. Hofrat Prof. Dr. G. Treu in Dresden verpflichtet: die genußreichen Stunden, die ich während der Philologenversammlung im Herbst 1897 unter seiner Führung in den herrlichen Räumen des Königlichen Albertinums und dabei auch in dem Olympiasaale verleben durfte, haben in mir zuerst den Gedanken erweckt, die nachfolgende Schrift für die Jugend zu verfassen. Seiner freundlichen Vermittlung habe ich es auch zu danken, daß mir von der Verwaltung des genannten Museums die gütige Erlaubnis erteilt ist, die von derselben im vergangenen Jahre veranlaßten photographischen Aufnahmen der beiden Giebelfelder des Zeustempels in verkleinertem Maßstabe diesem Hefte beifügen zu dürfen. Ist letzteres auch in erster Linie für die reifere Jugend geschrieben, so gebe ich mich doch zugleich der Hoffnung hin, daß durch diese auch in weiteren Kreisen das Interesse für die Erfolge, welche die Ausgrabungen von Olympia gehabt haben, sich verbreiten wird.

Die Herrn Amtsgenossen, die meine Schrift gelegentlich beim Unterricht verwerten wollen, verweise ich noch auf den zu diesem Zwecke von mir beigegebenen Anhang.

Bernburg, den 8. Juli 1898.

Dr. Karl Hachtmann.

Inhalt.

	Seite
Einleitung	1
Erstes Kapitel	3

Die Lage Olympias. — Die Bedeutung des Ortes in alter Zeit. — Weitere Schicksale desselben. — Wiederentdeckung Olympias.

Zweites Kapitel 19

Die Altis in Olympia und ihre wichtigsten Baulichkeiten. — Der Heratempel mit dem Hermes des Praxiteles. — Der Zeustempel. — Die Skulpturen des Zeustempels: a) Der östliche Giebel. — b) Der westliche Giebel. — c) Die Metopen. — d) Das Zeusbild des Phidias. — Die Siegesgöttin des Paionios. —

Drittes Kapitel 61

Die Festspiele: a) Der Wettlauf. — b) Das Pentathlon. — c) Das Pankration. — d) Das Wettfahren. — e) Das Wettreiten. — Der Verlauf der einzelnen Festtage. — Die Verleihung der Siegespreise. — Die Behörden in Olympia. — Die Ehrung der Sieger in Olympia und in der Heimat. — Die Siegeslieder Pindars. — Olympias Bedeutung für die Kultur des hellenischen Volks.

Anhang 98

Einleitung.

Wie das gesamte deutsche Volk 1895 und 1896 mit hellem Jubel die Gedenktage festlich begangen hat, an welchen vor fünfundzwanzig Jahren in schweren Kämpfen auf dem Felde der Ehre die deutsche Einheit geschaffen und nach herrlichen Siegen das neue deutsche Reich unter Kaiser Wilhelm I. begründet wurde, so sind alle Freunde des klassischen Altertums berechtigt, im Jahre 1899 ein Jubiläum anderer Art in der Stille ihres Herzens zu feiern: die vor einem Vierteljahrhundert durch das geeinte deutsche Vaterland begonnene Ausgrabung der klassischen Feststätte Olympia, eine der ersten Friedensthaten, die wir der neuerstandenen Herrlichkeit des Reichs und dem erlauchten Hause der Hohenzollern zu danken haben. Am 13. April des Jahres 1874 wurde zwischen den Vertretern der Kaiserlich-Deutschen und der Königlich-Griechischen Regierung der Vertrag unterzeichnet, durch welchen dem deutschen Reiche die Erlaubnis gegeben wurde, auf seine Kosten Ausgrabungen auf dem Boden des alten Olympia vornehmen zu lassen. Mit deutschem Fleiß und deutscher Gründlichkeit wurde bald darauf unter der Leitung von Prof. Dr. Ernst Curtius und Geh. Oberbaurat Adler, sowie unter der Mitwirkung namhafter Archäologen die Arbeit begonnen und im Frühling des Jahres 1881 vollendet. Es wurde damit eine Aufgabe gelöst, welche die Verehrer des Hellenentums nicht nur in unserm Vaterlande, sondern auch in den übrigen Kulturstaaten schon seit langer Zeit auf das lebhafteste beschäftigt hatte. Über diese Ausgrabungen und ihre Erfolge in einer Darstellung, die sich in erster Linie an die reifere Jugend unsrer höheren Lehranstalten wendet, zu berichten und dadurch in ihrem Herzen für die in alten Zeiten hochgefeierte und vielbesungene Feststätte ein lebhafteres Interesse zu erwecken, das dürfte seine volle Berechtigung haben. Werden auch die Archäologen noch lange damit zu thun haben, das reiche und mannigfaltige Material, welches die Ausgrabungen zu Tage gefördert haben, wissenschaftlich zu verarbeiten und das, was nur in trümmerhaftem Zustande auf uns gekommen ist, nach Möglichkeit zu ergänzen, so sind doch die bisher erzielten Resultate derartig, daß es eine Pflicht ist, die Jugend damit bekannt zu machen und sie zugleich zu veranlassen, durch eigene Lektüre auf dieser klassischen Stätte mehr und mehr heimisch zu werden. Und wenn es für die Begeisterung der Jugend kaum etwas Wirksameres giebt als der Blick auf bedeutende Männer, die ihre ganze Kraft für die Verwirklichung einer Idee einsetzen und durch diese Beharrlichkeit in der Verfolgung ihres Zieles in weiten Kreisen ein lebhaftes Interesse dafür wachzurufen verstehen, so ist auch von diesem Gesichtspunkte aus die Ausgrabung von Olympia, die mit dem Namen des berühmten Gelehrten Ernst Curtius für alle Zeiten auf das innigste verbunden ist, in hohem Grade bildend und lehrreich. Auch noch ein anderes Moment darf nicht unerwähnt bleiben. Es soll in treuem und dankbarem Herzen von Geschlecht zu Geschlecht bewahrt werden, daß ganz besonders unser früh vollendeter Kaiser Friedrich III., der ehemalige Schüler des oben genannten Gelehrten, es gewesen ist, der als Kronprinz mit seinem der Pflege des Schönen zugewendeten regen Geiste die Wünsche und Pläne seines hochverehrten Lehrers frühzeitig zu den seinen machte und persönlich alles that, um auch seinen kaiserlichen Vater für dieselben zu gewinnen. Und daß ihm dies bei dem für alle edlen Bestrebungen zugänglichen Herzen unsers Heldenkaisers Wilhelm I. so leicht gelungen, das verleiht der ruhmreichen Regierungszeit dieses unvergeßlichen Herrschers noch einen ganz besondern Glanz. Mit dem regsten Eifer hat Kaiser Wilhelm die Arbeiten der deutschen Gelehrten verfolgt, und als es im Jahre 1880 schien, als ob die Ausgrabung vor der Zeit abgebrochen werden sollte, das herrliche Wort gesprochen: „Was wir begonnen, müssen wir auch zu Ende führen." Mit voller Berechtigung hat man deshalb von dem Gründer des neuen deutschen Reichs gesagt: „In dem von Mit- und Nachwelt ihm geweihten Ruhmeskranze wird neben den Blättern der großen Feldherrnthaten auch das Blatt nicht fehlen, welches die erste schöne Friedensarbeit des durch ihn wiedererstandenen deutschen Reiches bezeichnet." —

Erstes Kapitel.

Olympia lag in Elis (Ἦλις), einem nach dem Meere zu offenen und von der Natur reich gesegneten Lande des westlichen Peloponnes, und zwar in der nach der Stadt Pisa benannten Landschaft Pisatis (Πισᾶτις). Durch die heilige Straße (ἱερὰ ὁδός) war es mit der Stadt Elis verbunden. Da das Land durch Gebirge von den übrigen Teilen der Halbinsel abgetrennt war und keinen für Handelsverkehr geeigneten Hafen besaß, so stand es dem politischen Leben Griechenlands ziemlich fern. Die Bevölkerung setzte sich aus verschiedenen Bestandteilen zusammen: nachdem sich in uralten Zeiten Phönicier auf ihren Entdeckungsfahrten nach dem Westen dort niedergelassen hatten, nahmen bei der dorischen Wanderung Dorer und Ätoler von dem Lande Besitz. Schon im 9. Jahrhundert wurde Elis ein neutrales Land, und zwar auf Grund eines Vertrages, den König Jphitos (Ἴφιτος), nach Strabo der eigentliche Gründer der olympischen Spiele, mit Lykurg, dem Könige Spartas, abgeschlossen hatte. Pausanias, ein griechischer Schriftsteller, welcher der zweiten Hälfte des zweiten Jahrhunderts nach Christi Geburt angehört, sah auf seiner Reise durch den Peloponnes diesen uralten Vertrag, der in kreisförmig laufenden Schriftzügen in eine metallne Scheibe (δίσκος) eingegraben war, noch in dem Heratempel zu Olympia; außerdem war in dem Festort, und zwar unter der Osthalle des Zeustempels, ein auf dieses Ereignis bezügliches Gruppenbild aufgestellt: der König Jphitos, welcher von der als Göttin dargestellten Ekecheiria (ἐκεχειρία = Waffenruhe) mit einem Kranze geschmückt wurde.

Olympia war inmitten von bewaldeten Hügeln in dem Thale des Alpheos (Ἀλφειός oder Ἀλφιός) gelegen, und zwar auf dem rechten Ufer desselben an der Stelle, wo sich dieser Fluß mit dem von Norden kommenden Kladeos[1]) vereinigt. Eine größere Anzahl von Straßen, von denen einige mit Wagen befahren werden konnten, führten zu dem heiligen Festbezirk; dieselben sind aber im Laufe der Jahrhunderte durch Überschwemmungen und

---

[1]) Kladeos bedeutet „der Rauschende" (ὁ κελαδῶν).

Erdbeben verschwunden. Über der Thalebene, an dem Zusammenflusse des Kladeos und Alpheos, erhebt sich der Hügel des Kronos (τὸ Κρόνιον), der eine Höhe von 123 m über dem Meere hat. Der Zugang zu dem in früheren Zeiten in stiller Abgeschiedenheit gelegenen Thale von Olympia ist jetzt um vieles erleichtert: im dritten Jahre der deutschen Ausgrabungen (1876) wurde von dem westlich gelegenen Pyrgos eine Straße dahin gebaut. Jetzt führt sogar eine schmalspurige Eisenbahn die Reisenden in einer halben Stunde von dem Hafen Katákolo nach Pyrgos und von da in zwei Stunden nach dem wieder aufgedeckten Festbezirk. Es sei noch erwähnt, daß westlich von der Mündung des Kladeos in den Alpheos auf einer Anhöhe das Dörfchen Druwa gelegen ist, in welchem die deutsche Expedition während der Ausgrabungen ihren Wohnsitz hatte. Die Vegetation des Landstrichs war in alten Zeiten sehr üppig; namentlich war der Baumwuchs viel reicher als in der Gegenwart. Der Dichter Pindar singt „von dem baumreichen Hain am Alpheos,"[1]) und die Bezeichnung Altis (Ἆλτις) für den heiligen Bezirk, die nur eine andere Form für ἄλσος (= Hain) ist, weist deutlich darauf hin, daß das Aussehen des Landstrichs ein anderes gewesen ist als heutzutage. Das Stadion (der Raum für den Wettlauf), sowie die Rennbahn lagen gleichfalls in einem schattigen Haine, in dem der wilde Oelbaum (κότινος) fröhlich gedieh. Das Land ist jetzt meist Ackerboden; der nicht dafür verwendete Teil jener Gegend ist in Bezug auf Vegetation ziemlich einförmig, und nur im Herbst, wenn starke Regengüsse niedergehn, bietet die Flora eine größere Mannigfaltigkeit. Die Ruinen allein, welche durch die deutschen Ausgrabungen an das Tageslicht gefördert worden sind, weisen darauf hin, daß diese Stätte auf eine große Vergangenheit zurückschaut. Und wenige Orte lassen sich in Griechenland finden, die an Bedeutung sich mit Olympia messen können.

Treten wir der Frage, welche hohe Stelle dieser Ort einstmals in dem Leben der Hellenen eingenommen hat, nunmehr etwas näher.

Die Kräfte im Wettkampfe zu erproben, geistige Fähigkeiten sowohl wie körperliche Gewandtheit und Stärke, war dem griechischen Volke eigentümlich; das Wort Homers: „Immer der erste

---

[1]) εὐδένδρῳ ἐπ᾽ Ἀλφεῷ ἄλσος. Pind. Ol. VIII, 9.

zu sein und vorzustreben vor andern," ist ein Wahlspruch von echt hellenischem Gepräge.¹) Dramatische Dichter suchten sich durch ihre Werke gegenseitig den Rang abzulaufen, Bildhauer traten mit ihren Leistungen in Wettbewerb ein, und in körperlicher Geschicklichkeit sich vor den andern auszuzeichnen, war für den freien Griechen ein erstrebenswertes Ziel. Die beste Gelegenheit hierzu boten die großen nationalen Festspiele, die zu bestimmten Zeiten auf dem Isthmus von Korinth, zu Nemea (Νεμέα) in Argolis, in Delphi (Δελφοί) und in Olympia gefeiert wurden.

Unter ihnen nahmen ohne alle Frage die erste Stelle die olympischen Spiele ein; sie übertrafen, um mit Pindar zu reden, alle anderen Spiele „wie das Quellwasser die Schätze des Erdbodens und wie das Gold die Güter des Reichtums." Ein Olympionikes zu sein, d. h. in Olympia den Siegespreis davon getragen zu haben, galt für eine der höchsten Ehren, die einem Sterblichen zu teil werden konnten; dieser Sieg verherrlichte nicht nur den Kämpfer selbst, sondern auch seine Mitbürger und den Staat, dem er angehörte. „Keinen edlern Wettkampf," so singt voll Begeisterung der Dichter Pindar, „werden wir besingen als den von Olympia."²)

Wann diese Spiele, die alle fünf Jahre zur Zeit des ersten Vollmonds nach der Sonnenwende, d. h. Ende Juni oder Anfang Juli, an dem heiligen Orte in Elis dem Zeus zu Ehren gefeiert wurden, entstanden sind, darüber herrscht tiefes Dunkel, und nur verschiedene Sagen, die sich von Geschlecht zu Geschlecht fortgepflanzt und dabei manche Abänderung erfahren haben, geben uns von diesen ältesten Zeiten Nachricht. Während die einen Herakles, sowohl den älteren sogenannten idäischen Herakles, wie den berühmten Sohn des Zeus und der Alkmene, als ihren Gründer bezeichneten, erzählten andere, daß Zeus selbst zur Feier seines Sieges über Kronos dort zum ersten Male Kampfspiele veranstaltet und bei dieser Gelegenheit Apollo über Hermes im Laufe und über Ares im Faustkampfe den Sieg davon getragen habe. Einen Anklang an diese zuletzt genannte Sage findet sich, wie wir weiter unten sehen werden, in den aufgefundenen

---

¹) Hom. Il. VI, 208: αἰὲν ἀριστεύειν καὶ ὑπείροχον ἔμμεναι ἄλλων.
²) Pind. Ol. I, 1: μηδ᾿ Ὀλυμπίας ἀγῶνα φέρτερον αὐδάσομεν.

Skulpturen: auf den beiden Giebelfeldern des Zeustempels treten uns als die Mittelfiguren, die das Ganze beherrschen, Zeus und Apollo entgegen. Auch von Pelops (Πέλοψ), dem Sohne des Tantalos (Τάνταλος), der die Tochter des Königs Önomaos (Οἰνόμαος) von Pisa, Hippodamia (Ἱπποδάμεια), durch eine Wettfahrt zur Gattin gewann und durch den Sieg zugleich das Reich seines Schwiegervaters erhielt, erzählt die Sage, daß er Olympia gegründet und die Wettkämpfe daselbst eingesetzt habe. Der östliche Giebel des Zeustempels wird uns noch Gelegenheit geben, auf diese Sage zurückzukommen.

Aus dem Reiche der Mythologie in das Gebiet der Geschichte führt uns zuerst die wohl beglaubigte Nachricht, daß in einer Zeit, in der die Macht der Pelopiden in Pisa durch Elis bereits gebrochen war, Iphitos, ein Nachkomme des Ätolers Oxylos, welcher der Wanderung der Dorier sich angeschlossen und die Landschaft Elis in Besitz genommen hatte, mit dem bekannten Lykurg von Sparta einen auf die Festfeier in Olympia bezüglichen Vertrag abschloß, dessen wir schon oben Erwähnung gethan haben. Zwischen den beiden Staaten Elis und Sparta war darin vereinbart worden, daß niemand das Gebiet von Elis mit Waffen betreten dürfte, sobald der heilige Monat (ἡ ἱερομηνία) angebrochen wäre. Durch Boten (σπονδοφόροι) aus dem Priesterkollegium des olympischen Zeus wurde die Waffenruhe (ἐκεχειρία) weit und breit verkündet; wer nach dieser Zeit gegen die Bestimmung des Gottesfriedens sich verging, verfiel in eine harte Geldstrafe und wurde nicht eher zur Teilnahme an den Festspielen zugelassen, als bis er sie erlegt hatte.[1]

Für die weitere Entwicklung der Spiele ist dieser Vertrag, wodurch Elis gewissermaßen für ein heiliges Land erklärt wurde, von den segensreichsten Folgen gewesen. Dadurch, daß Sparta damals der mächtigste Staat im Peloponnes war und in der Folgezeit die Hegemonie von ganz Griechenland übernahm, änderte sich der Charakter der Festfeier: während sie in früheren Zeiten nur von den Bewohnern der Landschaft selbst gefeiert wurde, mithin eine rein lokale Bedeutung hatte, nahmen nunmehr die

---

[1] So wurden z. B. im Jahr 420 v. Chr. die Lacedämonier von den Eleern von den olympischen Festspielen ausgeschlossen, weil sie diese Bedingung nicht erfüllt hatten: οὐκ ἐπιόντες τὴν δίκην αὐτοῖς, ἣν ἐν τῷ Ὀλυμπιακῷ νόμῳ Ἠλεῖοι κατεδικάσαντο αὐτῶν. Thucyd. V, 49.

Staaten des Peloponnes und weiterhin auch das übrige Griechenland sowie die griechischen Kolonien daran teil. So wurden die olympischen Spiele zwischen den durch Parteikämpfe und gegenseitige Fehden vielfach verfeindeten Staaten des griechischen Landes durch das nationale Gepräge, das sie erhielten, ein Band der Einigung. Und wenn sie auch nicht vermocht haben, auf längere Zeit zwischen den zahlreichen größeren und kleineren Staaten die Eintracht herzustellen und das in sich zerklüftete Hellas vor dem Untergange seiner Freiheit zu bewahren, so haben sie doch unzweifelhaft in allen, die von nah und fern herbeikamen, um die Festtage in großer Gemeinschaft zu begehn, das nationale Bewußtsein immer von neuem gestärkt, namentlich auch die in den fernen Kolonien zerstreuten Hellenen fühlen lassen, daß sie in ihrem Denken und Empfinden mit den Bewohnern des Mutterlands eng verbunden blieben und trotz der weiten Entfernung doch Angehörige eines Volkes waren. Wieviel Zeit verflossen ist, bis die Feier der olympischen Spiele eine allgemeine wurde und einen nationalen Charakter annahm, läßt sich nicht nachweisen. Daraus aber, daß seit dem Jahre 776 v. Chr. die Sieger in denselben aufgezeichnet wurden, ja in späterer Zeit die Olympiade, d. h. die Zeit von der einen Festfeier bis zur nächsten, die Grundlage für die Chronologie der Griechen bildete, erkennen wir am besten, welche Bedeutung diese Spiele für das ganze Leben des Volkes allmählich gewonnen haben. Als die eigentliche Blütezeit sind die Jahre anzusehn, die zwischen dem Ende der Perserkriege und dem Beginn des unheilvollen peloponnesischen Krieges liegen (479—429 v. Chr.); es war natürlich, daß das stolze Bewußtsein, die gewaltigen Heeresmassen der Perser zurückgeschlagen und die Freiheit des Landes gerettet zu haben, auch in der Feier der olympischen Spiele zum Ausdruck kam und auf dieselben befruchtend wirkte. Doch auch diese Zeit des Glanzes, in der die sich stetig steigernde Mannigfaltigkeit der Wettkämpfe eine immer größere Schar von Teilnehmern und Zuschauern aus dem Mutterlande und den Kolonien herbeizog, ging vorüber: der peloponnesische Krieg, der Athens Blüte knickte und schon durch seine lange Dauer für das gesamte Griechenland verhängnisvoll war, wird nicht wenig dazu beigetragen haben, auf die weitere Gestaltung der olympischen Spiele, wenn diese auch ungehindert fortbestanden, ungünstig einzuwirken.

Von dem Jahre 400 v. Chr. an wird die Teilnahme im Mutterlande eine geringere, und es vollzieht sich der eigentümliche Vorgang, daß um so mehr die Beteiligung aus andern Ländern mit griechischer Bevölkerung, aus Sicilien und Großgriechenland, aus Kleinasien, den Küstenländern des nördlichen Afrika und ganz besonders aus Alexandria, zunimmt.

Dadurch aber wurde die Gefahr gesteigert, daß die alte Satzung, wonach nur ein freier Mann, der seine griechische Abkunft nachweisen konnte und sich weder mit Blutschuld befleckt noch eines religiösen Frevels schuldig gemacht hatte, als Wettkämpfer zugelassen wurde, immer mehr sich lockerte und in gleichem Grade das Virtuosentum sich breit zu machen anfing. Der Untergang der griechischen Freiheit in der Schlacht von Chäronea (338 v. Chr.) und die darauf folgende Abhängigkeit Griechenlands von der macedonischen Herrschaft haben sicherlich dazu mitgewirkt, die Festspiele ihres ursprünglich streng nationalen Charakters allmählich zu entkleiden. Und als erst die Römer bei der Begründung ihrer Weltherrschaft auch Griechenland ihrer Macht unterworfen hatten, da traten im Vergleich zu den Fremdlingen, die ihre Berechtigung an den Festspielen teilzunehmen dadurch zu begründen suchten, daß sie ihre Abkunft von griechischen Ahnen nachzuweisen sich bemühten, die eigentlichen Hellenen nach und nach in den Hintergrund. Eine Wendung zum Bessern war durch die Verhältnisse ausgeschlossen: das Kaisertum, das auf die römische Republik folgte, ließ die Bedeutung der Festspiele immer mehr sinken, wenn es auch durchaus nicht an der Entfaltung äußeren Glanzes fehlte. Es zeugt am besten von dem Niedergange derselben, daß Kaiser Nero kurze Zeit vor seinem Sturz als Wettkämpfer beim Wagenrennen in Olympia sich sehen ließ und auch den Siegerkranz erhielt, obgleich er gar nicht berechtigt war, den Preis davon zu tragen.[1]) Nachdem sich die Sitte immer mehr eingebürgert hatte, daß auch Barbaren anstandslos den Siegespreis empfingen, schloß ein Armenier Namens Arbavazd aus dem Geschlecht der Arsakiden die lange Reihe der Olympiasieger, die mit dem Eleer Koröbos ($K\acute{o}\varrho o\iota \beta o\varsigma$) im Jahre 776 v. Chr. begonnen hatte.

---

[1]) Sueton. vit. Ner. § 24: excussus curru ac rursus repositus, cum perdurare non posset, destitit ante decursum; neque eo secius coronatus est.

So hat die Feier der olympischen Spiele, wenn auch im einzelnen sich Veränderungen vollzogen, die ihre Bedeutung abschwächten, sich durch viele Jahrhunderte hindurch erhalten und die mannigfaltigen Umwälzungen, die Griechenland durchzumachen hatte, überdauert. Ja sogar bei der Ausbreitung des Christentums hat lange Zeit hindurch diese mit dem heidnischen Kultus eng verknüpfte Festfeier sich erhalten. Selbst als Konstantin der Große (324—337) das Christentum zur Staatsreligion erhoben hatte, blieb sie trotz alledem bestehen; sie nahm sogar, wenn auch nur für kurze Zeit, einen neuen Aufschwung, als unter Kaiser Julianus Apostata (361—363) die heidnischen Götter wieder zur Herrschaft gelangten. Erst Theodosius I. (379—395) setzte, als er zur Alleinherrschaft gelangt war, dieser eigenartigen, mit dem hellenischen Wesen so innig verwachsenen Feier ein Ziel: im Jahre 393 nach Chr. Geb. wurden die olympischen Spiele zum letzten Male gefeiert. Vielleicht ist damals auch das hochberühmte von dem Athener Phidias (Φειδίας) geschaffene Goldelfenbeinbild des Zeus, von dem wir noch weiter unten handeln werden, nach Konstantinopel gekommen. Daß es noch 384 nach Chr. Geb. sich an Ort und Stelle befunden hat, wird uns von dem Rhetor und Philosophen Themistios, der es dort selbst noch gesehen hat, ausdrücklich bezeugt. Die Gefahr, von seinem Platze entfernt zu werden, hatte diesem vielgepriesenen Kunstwerk schon viel früher gedroht: Kaiser Caligula (37—41 nach Chr. Geb.), der den wahnwitzigen Plan gefaßt hatte, an die Stelle des Zeushauptes eine plastische Nachbildung seines Kopfes setzen zu lassen, wollte es nach Rom schaffen lassen, wurde aber, wie die Sage meldet, durch furchtbare Naturerscheinungen von der Ausführung seiner Absicht zurückgeschreckt. In Konstantinopel ist das Kultusbild, das bei der mit den Spielen verknüpften religiösen Feier den eigentlichen Mittelpunkt bildete, noch viele Jahre hindurch zu sehn gewesen; schließlich aber hat es bei einer Feuersbrunst seinen Untergang gefunden. Als im Jahre 395 n. Chr. die Goten unter Alarich in den Peloponnes raubend und sengend einbrachen, wurde vieles von den Baulichkeiten in Olympia zerstört, vieles von den Kunstschätzen als Beute davon geführt. Der Zeustempel, dieses Wahrzeichen der einstigen Herrlichkeit, überdauerte aber auch diese Katastrophe: er stand zur Zeit des Kaisers Theodosius II. (408—450 nach Chr. Geb.) noch aufrecht. Als aber dieser Herrscher im Jahre 426 die Zerstörung aller heidnischen Tempel im oströmischen Kaisertum befahl, wurde auch an das Heiligtum des olympischen Zeus Feuer gelegt. Es läßt sich jedoch bei der Festigkeit, die dieser zum großen Teil aus Stein aufgeführte Bau besessen hat, wohl annehmen, daß die Umfassungsmauern und die mächtigen Säulen damals mehr oder weniger unversehrt geblieben sind. Was die Zerstörungswut barbarischer Horden und der Haß eines blinden Fanatismus nicht hat vernichten können, das ist aber schließlich elementaren Kräften zum Opfer gefallen. Aus der Lage der Säulentrommeln hat sich mit Sicherheit ergeben, daß die steinernen Wände und die Säulen durch ein oder mehrere Erdbeben umgestürzt sind. Wann dies geschehen ist, läßt sich nicht näher bestimmen; es wird uns nur gemeldet, daß schwere Erdbeben in den Jahren 522 und 551 den Peloponnes heimgesucht haben. Vielleicht haben beide Erschütterungen dazu beigetragen, alle Baulichkeiten, die als stumme Zeugen noch an die frühere Bedeutung des Orts erinnerten, in einen wüsten Trümmerhaufen zu verwandeln und damit auch die Erinnerung an die große Vergangenheit der Feststätte mehr und mehr zu verwischen. Ganz ohne Ansiedlungen ist auch in der Folgezeit dieselbe nicht geblieben. Es sind bei den Ausgrabungen Mauerreste gefunden worden, die deutlich darauf hinweisen, daß Olympia eine Zeitlang befestigt gewesen ist, und daß zu dieser Befestigung Steine aus den Ruinen der Tempel und profanen Gebäude Verwendung gefunden haben. Außerdem hat man Reste von ärmlichen Wohnstätten und Gräberanlagen aufgedeckt, und da in ersteren unter anderm auch Münzen gefunden sind, die der Zeit von Konstantin bis Justinian angehören, so läßt sich wohl annehmen, daß diese dürftigen Räume im 6. Jahrhundert nach Chr. bewohnt gewesen sind; die oben erwähnten Festungsmauern mögen einer etwas früheren Zeit zuzuweisen sein. Ferner hat sich aus verschiedenen Gegenständen, die bei den Ausgrabungen dieser Wohnstätten zum Vorschein gekommen sind, ergeben, daß das ärmliche Volk, welches dort vermutlich sein Leben durch Ackerbau und Viehzucht fristete, dem christlichen Glauben angehörte.

Im 7. Jahrhundert haben sich alsdann slavische Stämme im Alpheusthale niedergelassen. In der Zeit vom 7.—13. Jahrhundert ist über Olympia tiefe Finsternis gebreitet: keine

Nachricht über die heilige Stätte ist in Schriftwerken oder Inschriften zu finden. Erst aus dem Anfange des 13. Jahrhunderts erhalten wir wieder eine Kunde: fränkische Ritter unter der Führung von Gottfried Villehardoin zogen nach der Einnahme Konstantinopels (1204) in den Peloponnes und eroberten die Halbinsel, die nunmehr den Namen Morea erhielt. Die antiken Namen der Landschaft Elis waren schon vorher verschwunden und durch slavische Bezeichnungen ersetzt worden; Olympia hieß damals aller Wahrscheinlichkeit nach Servia oder Serviana. Als die fränkische Herrschaft bereits 1261 ihr Ende erreichte, drangen Albanesen und Schkypitaren in den Peloponnes ein. Mit dem Namen war zugleich auch jegliche Erinnerung an die ehemalige Bedeutung Olympias geschwunden; eine 4—6 Meter hohe Schicht von Sand, Schutt und Erde hatte sich über die Ruinen der Feststätte ausgebreitet und diese dem Auge völlig entzogen. Denn die beiden Flüsse Alpheus und Kladeos hatten bei starken Regengüssen große Mengen von Sand und Mergel von den angrenzenden Höhen herabgeschwemmt; sie hatten um so schneller und gründlicher ihr Zerstörungswerk verrichtet, als die Schutzmauern, die früher den heiligen Bezirk gegen die verderblichen Einflüsse des Wassers geschützt hatten, längst zerfallen und allmählich verschwunden waren. Niemand dachte mehr an das fröhliche Leben, das hier einst pulsiert hatte, noch an die hohe Kultur, die hier vor Jahrhunderten von einem kunstsinnigen und hochbeanlagten Volke gepflegt worden war. Auch von Olympia galt das Wort unseres Dichters:[1])

„Völker verrauschen,
Namen verklingen,
Finstre Vergessenheit
Breitet die dunkelnachtenden Schwingen
Über ganzen Geschlechtern aus." —

Es bedurfte einer langen Zeit, ehe man dem Plane, den Boden der einst so hochberühmten Stätte zu erforschen, näher trat. Während seit der Wiedererweckung des Interesses für das klassische Altertum die griechischen Dichter und Schriftsteller mit Eifer gelesen und ausgelegt wurden, dachte niemand daran, an einem Orte Nachgrabungen vorzunehmen, der für die ganze griechische Kultur von weittragendster Bedeutung gewesen war.

---

[1]) Schiller, Braut v. Messina I, 3.

Erst im Anfange des vorigen Jahrhunderts erhoben sich Stimmen, die einer Durchforschung des Bodens von Olympia das Wort redeten; neben Franzosen und Engländern waren es auch Deutsche, die auf die dort unter der Erde verborgenen Kunstschätze hinwiesen und für den Plan, an Ort und Stelle Ausgrabungen vorzunehmen, Stimmung zu machen versuchten. So schrieb im Jahre 1723 Pater Bernard de Monfaucon an den Kardinal von Korfu, Quirini, um ihn zu Nachforschungen im Peloponnes zu veranlassen und für diese Idee zu erwärmen, u. a. folgende Worte: „Hier (im Peloponnes) ist das alte Elis, wo die olympischen Spiele gefeiert wurden, wo man eine Unzahl von Denkmälern für die Sieger errichtete: Statuen, Reliefs, Inschriften. Die Erde muß davon voll gepfropft stecken, und dabei ist wesentlich, daß meines Wissens dort noch niemand gesucht hat." Den gleichen Gedanken nahm Johann Joachim Winckelmann,[1]) der zuerst das Verständnis für die antike Kunst von neuem eröffnete, mit großer Wärme wieder auf; er setzte aber bei den damaligen traurigen Zuständen seines Vaterlandes seine Hoffnung nicht auf Deutschland, sondern auf den Papst, dessen Gunst er in besonderem Grade genoß. In seiner „Geschichte der Kunst" äußerte er das lebhafte Verlangen, Griechenland genau zu durchforschen und namentlich auch Elis, d. h. besonders Olympia, zu besuchen. Dabei äußerte er die prophetischen Worte: „Ich bin versichert, daß hier die Ausbeute über

---

[1]) Winckelmann wurde als der Sohn eines Schuhmachers am 9. Dezember 1717 in Stendal geboren. Er studierte auf der Universität Halle Theologie, widmete sich aber dabei mit großem Eifer der klassischen Litteratur. 1743 wurde er Konrektor zu Seehausen in der Altmark. Aus dieser ihm wenig zusagenden Stellung wurde er 1748 dadurch erlöst, daß er Bibliothekar beim Grafen von Bünau in Nöthnitz bei Dresden wurde. Hier gab er sich im Verkehr mit Künstlern und Gelehrten mit großer Begeisterung Kunststudien hin, und es erwachte in ihm die Sehnsucht, Italien und seine Kunstschätze persönlich kennen zu lernen. 1755 besuchte er Rom, Neapel, Herkulanum und Pompeji; 1759 wurde er Bibliothekar des Kardinals Albani, 1763 Oberaufseher der Altertümer in und um Rom. 1764 erschien sein Hauptwerk: „Geschichte der Kunst des Altertums", wodurch er der Begründer der Archäologie wurde; das Werk wurde in verschiedene Sprachen übersetzt. Wenige Jahre später (8. Juni 1768) wurde er auf der Rückreise von Deutschland nach Rom in einem Gasthofe zu Triest von einem Italiener, Francesco Arcangeli, der es auf seine Kunstschätze abgesehen hatte, ermordet.

alle Vorstellung ergiebig sein, und daß durch genaue Untersuchung dieses Bodens der Kunst ein großes Licht aufgehen würde." Noch auf seiner letzten Reise, auf der er dem Dolche eines Meuchelmörders zum Opfer fallen sollte, beschäftigte ihn dieser Gedanke auf das lebhafteste, und wenige Monate vor seinem beklagenswerten Ende schrieb er an Professor Heyne in Göttingen, indem er ihm seinen Plan, in Olympia Ausgrabungen zu veranstalten, ausführlicher darlegte: „Was jemand ernstlich will, kann alles möglich werden, und diese Sache liegt mir nicht weniger am Herzen als meine Geschichte der Kunst." Zwei Jahre früher hatte bereits der Orforder Theologe Richard Chandler Elis bereist und dabei auch einen Abstecher nach Olympia unternommen. Er sah bei dieser Gelegenheit die Mauern einer Cella, die zu einem großen Tempel gehörte, und erkannte an einem Kapitell, daß es ein dorischer Bau war; daß er aber auf den Ruinen des hochberühmten Zeustempels stand, ahnte er damals nicht. Einige Zeit später (1787) bereiste Fauvel im Auftrage des französischen Gesandten in Konstantinopel das Innere Griechenlands; er kam dabei auch nach Olympia und fand dort, daß die Ruinen jenes Heiligtumes als Steinbruch dienten; er war übrigens der erste, der in denselben mit Bestimmtheit Überreste des Zeustempels erkannte. Im Anfang dieses Jahrhunderts (1801—1808) besuchten die Engländer William Martin Leake, Edward Dodwell und William Gell den heiligen Ort; der Kronoshügel und der Zeustempel wurden von ihnen richtig bezeichnet. Dodwell, der für den Plan Winckelmanns, in Olympia Ausgrabungen vorzunehmen, von neuem zu begeistern suchte, schrieb damals: „Sollte einmal ein solcher Plan ausgeführt werden, so dürfen wir vertrauensvoll hoffen, daß die schönsten Bildhauerwerke, sowie die interessantesten und wertvollsten Altertümer ans Licht gefördert werden." Im Jahre 1807 erschien der erste Grundriß des Zeustempels, der von dem Engländer Wilkins entworfen war; auf demselben war bereits richtig angegeben, daß das Heiligtum auf der Vorder- und Rückseite je sechs, und auf den Langseiten je dreizehn dorische Säulen gehabt haben müsse. Wenige Jahre später (1811) betrat der Engländer Cockerell, der durch seine Teilnahme an der Wiederauffindung des Tempel von Ägina und des Tempels von Phigalia sich einen Namen gemacht hat, die Stätte von Olympia und gab dabei nähere Aufschlüsse über die Anlage des Zeustempels. Hatte man sich bisher damit begnügt, nur die Lage dieses Baus zu bestimmen, so erfolgte im Jahre 1813 ein weiterer Fortschritt dadurch, daß auf Veranlassung des Engländers Lord Spencer Stanhope, welcher auf Anregung des „Institut de France" den Peloponnes bereiste, eine kartographische Aufnahme der klassischen Stätte erfolgte; 1824 erschien diese in dem großen Reisewerke des genannten Gelehrten. Alle weiteren Pläne der Engländer, den Boden systematisch zu durchforschen, wurden dadurch vereitelt, daß bald darauf das Land von politischen Unruhen schwer heimgesucht wurde und schließlich der griechische Freiheitskrieg (1821 bis 1829) alle derartigen Pläne in den Hintergrund drängte. In Deutschland waren es nur vereinzelte Stimmen, die für die Wiederaufnahme der Winckelmannschen Idee Stimmung zu machen suchten; das Interesse dafür schien erloschen zu sein. Während des oben erwähnten Krieges selbst aber hatte es eine Zeitlang den Anschein, als ob von einer andern Seite dieser Plan verwirklicht werden sollte. Als im Jahre 1829 ein französisches Heer nach Morea kam, um den Greuelthaten der ägyptischen Armee Einhalt zu gebieten, erschienen im Gefolge derselben auch viele Gelehrte, und bei dieser Gelegenheit wurde durch französische Genieoffiziere eine Aufnahme des Landes veranstaltet. Die Ergebnisse dieser Forschungen wurden bald darauf in dem Prachtwerke: „Expédition scientifique de Morée" veröffentlicht. Damals fanden auch Ausgrabungen in Olympia statt, und der Zeustempel wurde dabei teilweise frei gelegt. Einige gut erhaltene Bildwerke mit Thaten des Herakles von den Metopen des Tempels, von denen wir noch weiter unten handeln werden, (die auf dem Felsen sitzende Jungfrau, der gebändigte Stier und der erlegte Löwe) wurden damals gefunden und nach Paris gebracht; sie befinden sich jetzt in den Sammlungen des Louvre. Die weitere Ausgrabung wurde wider Erwarten von Kapodistrias,[1]) der sich von nationalen Beweggründen leiten ließ, untersagt: bei dem neu erwachten Patriotismus der Griechen erschien es unwürdig, daß von einem fremden Volke Kunstwerke, welche die Erinnerung an eine große Zeit des hellenischen Volkes wachriefen, aus dem Lande weggeführt werden sollten. Das Interesse für Ausgrabungen in

---

[1]) Er wurde 1827 zum Präsidenten des griechischen Staats ernannt; im Januar 1828 trat er die Regierung an, wurde aber schon 1831 in Napoli di Romania, dem Sitze der Regierung, ermordet.

Olympia wurde von neuem wachgerufen, als Otto von Bayern 1832 zum König von Griechenland gewählt wurde und einige Zeit später Ludwig Roß zum Konservator der hellenischen Altertümer berief. Namentlich war es der Fürst Pückler-Muskau, der sich für die Idee, die heilige Stätte zu durchforschen, lebhaft begeisterte und sich mit kühnen Plänen trug, ohne dieselben aber zur Verwirklichung zu bringen. Die Frage war wieder aufgenommen, wurde aber einstweilen noch nicht gelöst. Eine entscheidende Wendung trat erst ein, als in Begleitung des griechischen Kabinettsrats Brandis im Jahre 1837 Ernst Curtius,[1]) der damals in dem jugendlichen Alter von 24 Jahren stand, in Athen eintraf. In regem Verkehr mit dem Dichter Emanuel Geibel und dem Archäologen Karl Otfried Müller[2]) widmete er seine ganze Kraft der Geschichte des alten Griechenlands und unternahm ausgedehnte Reisen, um den Peloponnes zu erforschen. Als Frucht derselben erschien 1851 und 1852 das Werk: „Peloponnesos, eine historisch-geographische Beschreibung der Halbinsel." In seiner Stellung als Erzieher des Kronprinzen Friedrich Wilhelm trat er auch dessen erlauchtem Vater, dem nachmaligen Kaiser Wilhelm, persönlich näher, und diese innigen Beziehungen zum Hause der Hohenzollern ebneten ihm später die Wege, als er der Ausführung seines längst gehegten Planes, Olympia wieder auszugraben, mit der ihm eigentümlichen hohen

---

[1]) Ernst Curtius wurde am 2. September 1814 zu Lübeck geboren. 1843 habilitierte er sich an der Universität Berlin und war daselbst außerordentlicher Professor von 1844—1849. Nachdem er den Kronprinzen Friedrich Wilhelm als Erzieher nach der Universität Bonn begleitet hatte, kehrte er 1850 nach Berlin zurück und wirkte dort als Professor an der dortigen Universität. 1856 ward er nach Göttingen berufen; 1868 kehrte er nach Berlin zurück, woselbst er an der Universität als Docent für alte Kunstgeschichte und zugleich am Kgl. Museum als Direktor des Antiquariums thätig war. Von seinen Werken seien hier nur genannt: „Der Peloponnes", „Griechische Geschichte" und „Stadtgeschichte von Athen". Im Verein mit Adler, Treu und Dörpfeld gab er in fünf Banden das Werk „Ausgrabungen von Olympia" heraus. Verschiedene kleinere Aufsätze hat er unter dem Titel „Altertum und Gegenwart" vereinigt. Curtius ist am 11. Juli 1896 in Berlin gestorben.

[2]) K. O. Müller, geb. 1797 zu Brieg, 1819 Professor in Göttingen, † 1. August 1840 zu Athen. Seine Grabstätte hat er zu Kolonos bei Athen gefunden. Er ist namentlich durch seine archäologischen Werke berühmt geworden.

Begeisterung für das Hellenentum näher trat. Am 10. Januar 1852 hielt er in der Singakademie zu Berlin einen Vortrag über Olympia,¹) bei dem der König Friedrich Wilhelm IV. und der Kronprinz anwesend waren. Die Wirkung seiner Worte war gewaltig: der von seinem Lehrer für das klassische Altertum begeisterte Prinz gab das Versprechen, für seine Pläne mit aller Energie eintreten zu wollen. Aber trotz alledem kam die Sache noch nicht in Fluß; die Verhandlungen, die angeknüpft wurden, zogen sich in die Länge, und als der Krimkrieg (1854—1856) alle Gemüter beschäftigte, trat das Interesse für diese Angelegenheit naturgemäß in den Hintergrund. Auch die nachfolgenden Jahre waren wegen der politischen Verhältnisse dem Unternehmen nicht günstig. Preußen selbst wurde von 1864 ab in schwere Kämpfe um seine Stellung in Deutschland verwickelt, die seine ganze Kraft in Anspruch nahmen. Als aber der Krieg, den das gesamte Deutschland gegen Frankreich führte, einen ruhmvollen Abschluß fand und der Führer der deutschen Armee, König Wilhelm, als schönsten Siegespreis die deutsche Kaiserkrone heimbrachte, da wurde der Gedanke, Olympia wieder erstehen zu lassen, zur That. Ernst Curtius selbst ging 1874 als Bevollmächtigter des deutschen Reichs nach Athen, und am 13. April desselben Jahres wurde der auf die Ausgrabung von Olympia bezügliche Vertrag mit der griechischen Regierung abgeschlossen. Um nicht den Nationalstolz der Griechen zu verletzen und dadurch vielleicht das ganze Unternehmen scheitern zu lassen, verzichtete die deutsche Regierung von Anfang an hochherzig darauf, Originale aus den zu erwartenden Funden zu beanspruchen; sie behielt sich nur das Recht vor, alle Kunstgegenstände und Altertümer in Gips abformen zu dürfen. Der deutsche Reichstag, dem die Angelegenheit im Herbst desselben Jahres vorgelegt wurde, bewilligte in dankenswerter Weise einstimmig die geforderte Summe.²) In Griechenland zog sich die Bestätigung des Vertrags durch die Verhandlungen in der griechischen Kammer noch über Gebühr in die Länge; die Vorbereitungen aber wurden im Sommer 1875 trotzdem begonnen, und am 2. September, dem

---

¹) Wieder abgedruckt in E. Curtius, Altertum und Gegenwart, Bd. II, S. 129 ff.

²) Die Ausgrabung von Olympia hat einen Kostenaufwand von ungefähr 800 000 M. verursacht.

Sedantage, verließ Ernst Curtius, begleitet von Dr. Hirschfeld und Professor Adolf Bötticher Berlin, um an Ort und Stelle die Leitung des Ganzen zu übernehmen. So wurde die Ausgrabung von Olympia, nachdem Ernst Curtius fast noch ein Vierteljahrhundert auf die Erfüllung seines Lieblingswunsches hatte warten müssen, begonnen als eine der ersten großen Friedensthaten des nach langen, schweren Kämpfen endlich geeinten deutschen Vaterlandes; Kronprinz Friedrich Wilhelm hatte das Wort eingelöst, das er einst seinem von ihm so hochverehrten Lehrer gegeben hatte. Die im Jahre 1875 begonnenen Ausgrabungen — der erste Spatenstich wurde am 4. Oktober gethan — haben erst im März 1881 ihren Abschluß gefunden. Eine Anzahl von namhaften Archäologen (Hirschfeld, Treu, Furtwängler u. a.) und Architekten (Bötticher, Bohn, Dörpfeld u. a.) begaben sich im Auftrage des deutschen Reichs in den genannten Jahren nach Olympia, um die Ausgrabungen zu überwachen und die Ergebnisse derselben wissenschaftlich zu verarbeiten. Alles, was an Kunstwerken, Inschriften, Münzen und sonstigen Altertümern an das Tageslicht gefördert worden ist, hat in dem Museum seinen Platz erhalten, das an dem Fuße der Höhe von Dhruwa nach Plänen des Geheimen Oberbaurat Adler in Berlin und Prof. Dörpfeld gebaut worden ist und nach seinem hochherzigen Stifter, einem athenischen Bankier Namens Syngros, das Syngreion genannt wird. Für die nach der Hauptstadt des deutschen Reichs gebrachten Gipsabgüsse, die zur Zeit in einem hinter der Nationalgalerie gelegenen provisorischen Bau notdürftig untergebracht sind, wird ein besonderes Museum gegenwärtig erbaut. Erst dadurch wird es möglich sein, auch in Berlin denselben klaren Überblick über die neu entdeckten Kunstschätze zu gewinnen, den man schon jetzt in den herrlichen Räumen des Königlichen Albertinums zu Dresden genießt. Das Olympiamuseum in Berlin wird dann ein Ehrendenkmal sein für die glorreiche Regierungszeit Kaiser Wilhelms I. und zugleich ein Zeichen des aufrichtigen Dankes für Ernst Curtius, dessen unablässigem Bemühen unser Vaterland die Wiederentdeckung der hellenischen Feststätte für alle Zeiten zu danken hat.

Altis von Olympia. Rekonstruktion von R. Bohn.

Zweites Kapitel.

Nicht eine Stadt, sondern nur ein der Abhaltung der Festspiele geweihter heiliger Ort war Olympia; es enthielt deshalb nur Baulichkeiten, die damit in Beziehung standen, und zwar einerseits, da diese Spiele mit dem religiösen Kultus auf das innigste verknüpft waren, verschiedene Heiligtümer, und andrerseits Gebäude, in denen die mit der Leitung betrauten geistlichen und weltlichen Behörden ihren Wohnsitz hatten. Es kann nicht unsre Absicht sein, auf alle einzelnen Bauten, von denen sich Überreste gefunden haben, näher einzugehen, wir beschränken uns vielmehr auf die eigentliche Feststätte, die sogenannte Altis, die den Mittelpunkt des Ganzen bildete, und heben dabei nur das hervor, was für den vorliegenden Zweck von besonderem Interesse ist. Daß der Platz, da die Gebäude nicht gleichzeitig aufgeführt sind, zu verschiedenen Zeiten einen verschiedenen Anblick gewährt hat, ist selbstverständlich; wir rekonstruieren uns denselben in unsrer Phantasie in der Gestalt, wie er sie etwa zur Zeit des Pausanias, des schon genannten griechischen Schriftstellers aus dem 2. Jahrhundert nach Chr. Geb. gehabt haben muß, der die Feststätte besuchte und ausführlich beschrieb. An der Hand der Rekonstruktion, die wir dem Architekten R. Bohn verdanken, werden wir uns noch besser die einstmalige Pracht des vielgepriesenen Ortes vergegenwärtigen können.[1]) (Siehe nebenstehende Abbildung.)

Die Altis, ungefähr 200 m lang und 175 m breit, an Ausdehnung also im ganzen dem Lustgarten in Berlin gleich, war im Westen, Süden und Osten durch eine niedrige Mauer abgegrenzt; nach Norden hin scheint eine feste Grenze nicht bestanden zu haben, der Kronoshügel vielmehr in den Festbezirk einbezogen gewesen zu sein. (Siehe den Plan S. 20.) Unter Kaiser Nero wurde die Altis erweitert; damals wurden im Westen zwei Thore und im Süden ein Triumphbogen gebaut. Den Mittelpunkt bildete der Altar des Zeus, der auf einem breiten Unterbau sich bis zu einer Höhe von 22 Fuß erhob. Er stand auf einem

---

[1]) Bei dieser Gelegenheit sei auf die farbige Reproduktion hingewiesen, die von der „Vereinigung der Kunstfreunde in Berlin" herausgegeben worden ist, sowie auf die dazu gehörige Erläuterungstafel. Es ist eine Nachbildung des Freskogemäldes, das von H. Gärtner für die Aula des Gymnasiums in Elbing gemalt worden ist.

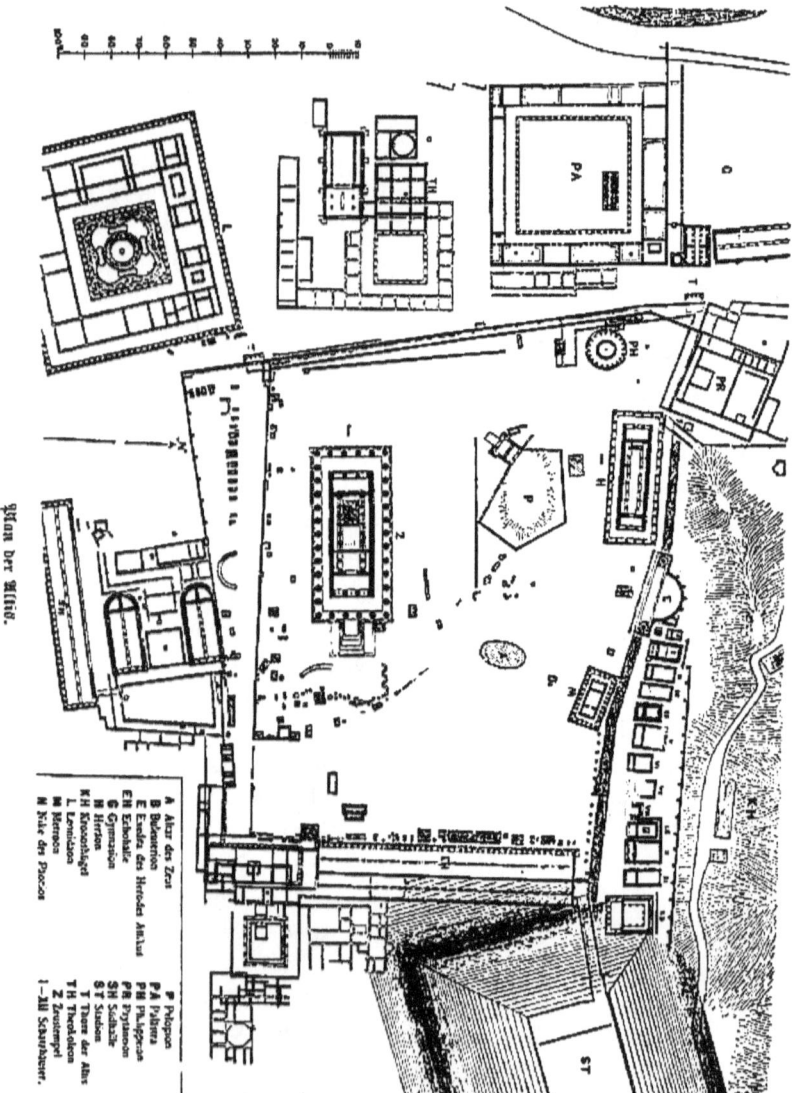

nach allen Seiten hin freien Platze, so daß hier eine zahlreiche Menschenmenge ihr Gebet verrichten und dem höchsten Gotte opfern konnte. Das während der Spiele ihm dargebrachte Opfer bildete den Höhepunkt der gottesdienstlichen Feier. Auf der Westseite lagen von Süden nach Norden folgende Gebäude: 1. der hochberühmte Zeustempel mit dem Goldelfenbeinbilde des Zeus von Phidias, 2. das Pelopion, der heilige Bezirk des Pelops (τὸ Πελόπιον), ein durch eine Mauer eingefriedigter fünfeckiger Raum, zu dem in der Südwestecke ein Thor den Zugang bildete und 3. das Heraion, d. i. Tempel der Hera. Westlich von diesem befand sich das Philippeion (τὸ Φιλιππεῖον), ein von Philipp von Macedonien nach der Schlacht von Chäronea (338 v. Chr.) aufgeführter Rundbau. In der Nordwestecke der Altis schließlich lag das Prytaneion (τὸ πρυτανεῖον) der Eleer, das Rathaus, in dem die Sieger nach den Festspielen öffentlich bewirtet wurden, und das mit einer Kapelle und einem Altar der Hestia (Ἑστία) verbunden war. An das Heraion schloß sich nach Osten hin an die Exedra[1]) (ἐξέδρα) des Herodes Atticus.[2]) Der Zweck dieser hohen und mit Säulen verzierten halbrunden Nische war, der nach dem Festplatz geführten Wasserleitung einen monumentalen Abschluß zu geben; der Bau diente also nur als Dekoration. Davor lag das langgestreckte, rechtwinklige Wasserbecken, welches auf beiden Seiten von einem kleinen Rundtempel abgeschlossen wurde; ein Stier mit einer Widmungsinschrift stand auf dem Rande des Bassins. Weiter nach Osten auf einer Terrasse des schon erwähnten Kronoshügels befand sich eine größere Anzahl von Schatzhäusern, in denen die von Gemeinden oder einzelnen Personen gestifteten Weihgeschenke ihre Aufstellung fanden. Es seien hier genannt die Schatzhäuser von Sybaris, Gela, Megara, Metapont, Sicyon und Selinus. Vor den Schatzhäusern lag nach Süden das

---

[1]) Eine Exedra ist ein halbrunder, nischenartiger Bau: häufig wurde er in Gymnasien aufgeführt, um den Zuschauern einen Platz zu gewähren.

[2]) Herodes (Ἡρώδης) Atticus geboren im Anfang des 2. Jahrh. nach Christi Geburt, stammte aus einer alten, reichbegüterten Familie. Als ein berühmter Lehrer der Beredsamkeit kam er nach Rom, wurde Lehrer des L. Verus und M. Antoninus und gelangte zu hohen Staatsämtern. Später zog er sich nach Griechenland wieder zurück und starb in seiner Heimat ungefähr 180 n. Chr. Seine großen Reichtümer verwendete er dazu, prächtige Bauten in seinem Vaterlande aufzuführen (z. B. des Odeion in Athen).

Metroon (Μητρῷον), ein kleiner dorischer Tempel der Göttermutter (Μήτηρ μεγάλη oder ʿΡέα), der wahrscheinlich im vierten Jahrhundert vor Chr. erbaut wurde. Zwischen diesem Heiligtum und dem Eingange zu dem östlich gelegenen Stadion waren eine Reihe von Bronzestatuen des Zeus, die sogenannten Zanes,[1]) aufgestellt. Sie wurden aus den Strafgeldern errichtet, welche bei Verletzung der für die Wettkämpfe bestehenden Regeln von den Kämpfern erlegt werden mußten. Nur die Basen dieser Bildsäulen sind noch erhalten. Nach Osten hin wurde die Altis gegen das Stadion durch eine fast 100 m lange und 10 m tiefe Halle, die wegen des siebenfachen Wiederhalls als Halle der Echo (Ἠχώ) bezeichnet wurde, abgeschlossen; das Dach derselben ruhte auf 44 Säulen und 2 Eckpfeilern (Anten). Der Zugang zu dem östlich gelegenen Stadion (στάδιον) befand sich in der nordöstlichen Ecke zwischen den Schatzhäusern und der Echohalle. Auf der Westseite vermittelten zwei Eingänge den Verkehr mit der Altis; die Prozessionen betraten dieselbe durch das in der Südwestecke gelegene Thor. In der Nähe desselben befand sich das sogenannte Leonidaion (Λεωνιδαῖον), ein von einem Eleer Namens Leonidas errichtetes Gebäude, das vielleicht im vierten Jahrhundert vor Chr. aufgeführt wurde. Welchem Zwecke es ursprünglich gedient hat, ist unbekannt; in römischer Zeit wurde es zu einer Wohnung für den Statthalter umgewandelt. Das in der Nordwestecke gelegene Thor führte nach dem Gymnasion und der südlich davon gelegenen Palästra. Zwischen dieser und dem Leonidaion war der Theokoleon (τὸ Θεοκολεών oder Θεηκολεών), der die Wohnungen der Priester enthielt. Es sei noch zum Schluß erwähnt, daß vor der Südmauer der Altis das Rathaus (τὸ βουλευτήριον) der Eleer aufgeführt war. Es war ein in dorischem Stil errichteter Bau, der sich in verschiedene Teile gliederte. Zwischen zwei langgestreckten Gebäuden, die beide im Westen mit einer Apsis endeten und durch eine Säulenreihe in zwei Schiffe getrennt waren, lag ein viereckiger Bau. Hier fanden vermutlich die Sitzungen des Rats (ἡ βουλή) statt, und vielleicht legten ebendaselbst auch die Kämpfer vor der Statue des Zeus Horkios (Ὅρκιος) den feierlichen Eid ab, die für die Wettkämpfe festgesetzten Regeln gewissenhaft beobachten zu wollen.

---

[1]) *Zάνες* alte Form für *Ζῆνες*.

Vor der Ostseite dieser drei Gebäude zog sich eine Säulenhalle (στοά) hin, an die sich ein in römischer Zeit errichteter Säulenhof mit trapezförmigen Grundriß anschloß. Den Abschluß nach Süden bildete ebenfalls eine Säulenhalle.

Nach dieser kurzen Orientierung wenden wir uns nun der Betrachtung der bedeutendsten Bauwerke zu, und zwar richten wir unsere Aufmerksamkeit zuerst auf das Heraion. (Siehe untenstehende Abbildung.)

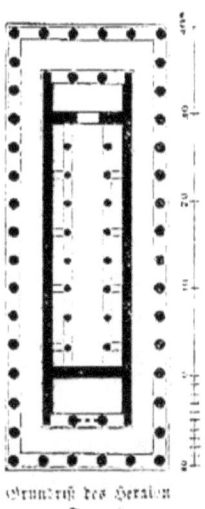

Grundriß des Heraion zu Olympia.

Das Heiligtum, ein dorischer Peripteros (περίπτερος), d. h. ein auf allen vier Seiten von Säulen umgebener Tempel, gehört einer sehr frühen Zeit an; es ist sogar der älteste aller uns bekannten griechischen Tempel und vermutlich schon im 8. Jahrhundert v. Chr. erbaut worden. Das Innere zerfiel in drei Teile: den Pronaos (πρόναος = Vortempel) im Osten, die Cella (in der Mitte) und den Opisthodom (ὀπισθόδομος = Hinterhaus) im Westen. Die Cella bestand aus einem breiten Mittelschiff und aus zwei durch Säulen abgetrennten Seitenschiffen. Pronaos und Opisthodom ruhten auf den Frontseiten auf je zwei Säulen und zwei Eckpfeilern (Anten); das Heiligtum war also ein sogenanntes templum in antis. Ferner war es auf allen vier Seiten von einer Säulenhalle umgeben, die auf den Schmalseiten je 6, auf den Breitseiten je 16 dorische Säulen zählte. Es gewährt uns noch dadurch ein ganz besonderes Interesse, daß es uns auf das klarste bezeugt, wie sich der Steinbau allmählich aus dem Holzbau entwickelt hat. Pausanias berichtet nämlich ausdrücklich darüber, daß er im Opisthodom noch eine hölzerne Säule gesehen hat;[1] es läßt sich danach annehmen, daß ursprünglich alle Säulen aus Holz bestanden und im Laufe der Zeit, nachdem sie schadhaft geworden waren, durch steinerne ersetzt wurden. Diese Annahme wird auch dadurch bekräftigt,

---

[1] Pausan. V, 16, 1: ἐν δὲ τῷ ὀπισθοδόμῳ δρυὸς ὁ ἕτερος τῶν κιόνων ἐστίν.

daß die Säulen einmal in auffallend weiten Abständen voneinander aufgestellt sind und außerdem mannigfache Verschiedenheiten im Material und in der Stärke sowie in der Bildung der Kapitelle und der Zahl der Kanneluren aufweisen. Aus demselben Grunde läßt sich ferner erklären, warum sich bei der Ausgrabung keine Fragmente von Architraven, Triglyphen und Metopen gefunden haben: das Gebälk und die hölzerne Bedachung sind entweder durch Feuer oder durch die Länge der Zeit zu Grunde gegangen. Auch die Wände der Cella wiesen noch auf die Einfachheit der alten Zeit hin: sie bestanden nur in ihrem untern Teile aus Stein, während das übrige aus Lehmziegeln aufgeführt war.

Für die antike Kunstgeschichte hat eben dieser Tempel noch dadurch eine besondere Berühmtheit erlangt, daß dort am 8. Mai 1877 das kostbarste Kleinod der gesamten Ausgrabungen gefunden wurde: der **Hermes des Praxiteles**, ein Standbild aus parischem Marmor.

Pausanias, der die vielen in der Cella des Heiligtums aufgestellten Kunstwerke persönlich sah, erwähnt in seiner Reisebeschreibung dieses Standbild ausdrücklich, indem er unter anderm anführt „einen Hermes aus Marmor, der den Dionysosknaben auf dem Arme trägt;" und hinzusetzt: „dies ist ein Werk des Praxiteles."[1]) Ursprünglich hat das Kunstwerk wohl an einer andern Stelle gestanden, denn die mit der Gruppe gleichzeitig gefundene Basis gehört einer viel jüngeren Periode an. Daß uns von diesem berühmten Künstler, den wir bisher nur aus Nachbildungen seiner Schöpfungen kannten, nunmehr ein Originalwerk wiedergegeben worden ist, muß als ein ganz besonderer Glückszufall angesehn werden. Wann Praxiteles gelebt hat, darüber fehlt es uns an bestimmten Nachrichten: man setzt seine Blütezeit[2]) in die Mitte des vierten Jahrhunderts vor Chr. Geb. und nimmt als wahrscheinlich an, daß der Künstler Kephisodot ($K\eta\varphi\iota\sigma\delta\delta\sigma\tau\sigma\varsigma$), der durch die meisterhafte, an ein Madonnenbild erinnernde und in Kopien uns erhaltene Gruppe „Eirene und Plutos" (= Frieden und Reichtum), bekannt ist, sein Lehrer gewesen sei. Praxiteles ist das Haupt der jüngeren attischen Schule; als solches hat er

---

[1]) Paus. V, 17, 1: *Ἑρμῆς λίθου. Διόνυσον δὲ φέρει νήπιον, τέχνη δὲ τοῦ Πραξιτέλους.*

[2]) Overbeck, Gesch. d. griech. Plastik III, S. 36.

eine reiche Thätigkeit entfaltet und auf die Entwicklung der griechischen Kunst einen großen Einfluß ausgeübt. Daß er den ersten Unterricht bei Kephisodot genossen hat, dafür scheint uns auch die Hermesgruppe ein Beweis zu sein. Praxiteles war in früherer Zeit als Erzbildner thätig gewesen; später schuf er seine Werke in Marmor, und hierdurch hat er bei Mit- und Nachwelt großen Ruhm geerntet, ganz besonders durch das Seelenvolle, das er in seine Figuren hineinzulegen wußte. Vornehmlich bildete er mit seinem Meißel jugendliche Gestalten. Hochberühmt war sein Eros, der in Thespiä aufgestellt war und diesem sonst unbedeutenden Orte einen hohen Glanz verlieh. Das vielbewunderte Werk war aus pentelischem Marmor und zeigte den Liebesgott als Mellepheben, d. h. als Knaben in der Jugendblüte. Es wurde zum ersten Male unter Caligula nach Rom gebracht, alsdann von Claudius zurückgegeben, darauf unter Nero zum zweiten Male in die Hauptstadt des römischen Reichs geführt und ist schließlich bei einem Brande zur Zeit des Titus zerstört worden. Man führt auf unsern Künstler auch die schöne Erosfigur zurück, die 1770 in Centocelle bei Rom gefunden wurde und unter dem Namen „Eros von Centocelle oder Genius des Praxiteles" den Sammlungen des Vatikans einverleibt ist. Ganz besonders aber hatte er sich einen Namen gemacht durch seine Venus von Knidos. Dieses Standbild, dem dort ein besonderer Tempel gewidmet war, gehörte zu den größten Kunstwerken des Altertums: Tausende von Fremden pilgerten nach der Stadt, um sich an der keuschen Schönheit dieser Statue zu erfreuen. Praxiteles hatte es auch hier meisterhaft verstanden, den Gesichtszügen der Göttin seelisches Leben einzuhauchen. Die ideale Auffassung, wie sie in den Göttergestalten des Phidias sich zeigt, war nicht mehr üblich; es war eine andere Zeit gekommen, und mit dieser hatte sich eine andere Richtung Bahn gebrochen: der bedeutendste Vertreter derselben ist unser Künstler. Treffend sagt von dieser neuen Periode Ernst Curtius:[1] „Man zog die Götter in die Welt der Empfindungen, welche das Menschenherz bewegen. Man ließ Dionysos der eigenen Gabe sich freuen, Apollo schwelgt im Zauber der Melodien, und Aphrodite empfindet selbst die Macht der Liebe. So spiegelt sich ein bewegtes Gemütsleben in dem klaren

---

[1] Altertum und Gegenwart II, 167.

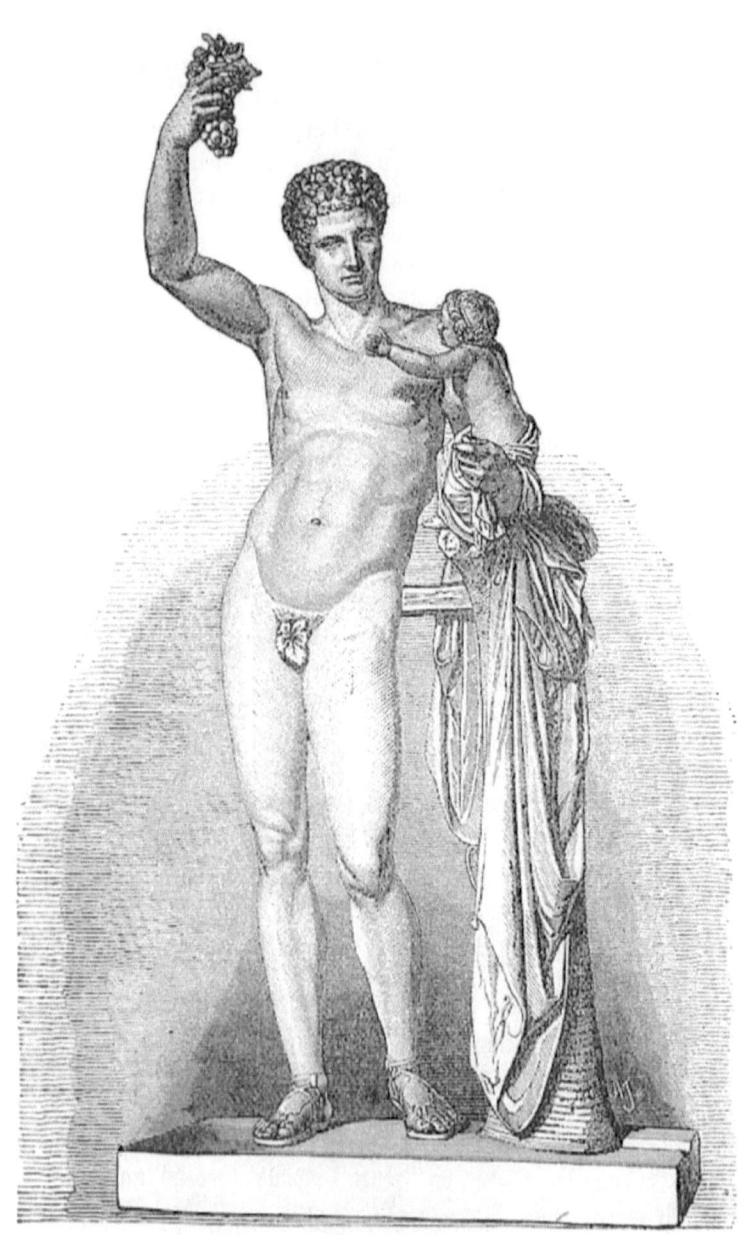

Hermes des Praxiteles, nach der Restauration von Fr. Schaper.

Antlitz der Götter, und dies war eine der zartesten, aber entschiedensten Neuerungen in der Plastik."

Treten wir nach diesen kurzen Vorbemerkungen dem Kunstwerk selbst näher. Die Gruppe, ein liebliches Genrebild, ist uns nicht vollständig erhalten — dem Hermes fehlen leider die Unterschenkel und ein Teil des rechten Arms —, aber trotzdem ist es doch möglich gewesen, das Fehlende in der Phantasie zu ergänzen und eine Restauration danach vorzunehmen[1]) (siehe nebenstehende Abbildung); daß dabei im einzelnen abweichende Meinungen geäußert worden sind, darf uns nicht wunder nehmen. Als ein ganz besonderer Glücksumstand ist es anzusehn, daß der Kopf des Hermes, der in eine weiche, aus der Cellawand herrührende Lehmschicht eingebettet war, sich wunderbar gut erhalten hat, so daß wir an ihm die Meisterschaft des Künstlers klar zu erkennen vermögen. (Siehe untenstehende Abbildung.) Der jugendliche Gott, „der schnelle Bote der Götter," wie ihn Hesiod[2]) nennt, dessen Haupt mit kurzem, lockigem Haar bedeckt ist, hat auf seiner Wanderung Rast gemacht und seinen linken Arm auf einen Baumstamm gelegt, über den sein faltenreiches Gewand tief herabhängt. Auf dem linken Unterarm, dessen Hand vermutlich einen aus vergoldeter Bronze gefertigten Heroldsstab (τὸ κηρύκειον) umschlossen gehalten hat, sitzt, als kleines Kind dargestellt,

Kopf des Hermes von Praxiteles.

sein Bruder Dionysos und zwar ganz frei, „wie nur Götterkinder in diesem Alter zu thun pflegen." Dieser soll, nachdem bei

---

[1]) In dieser Weise hat nach einer Vermutung Hirschfelds der bekannte Bildhauer Fritz Schaper in Berlin die Statue ergänzt.

[2]) Hesiod, Werke und Tage v. 85: θεῶν ταχὺς ἄγγελος. Homer giebt ihm das stehende Beiwort διάκτορος.

seinem Eintritt in das Leben seine Mutter Semele durch den
Blitz des Jupiter getötet ist, von Hermes zu den Nymphen von
Nysa in Böotien gebracht werden, um in deren Pflege auf=
zuwachsen.

Der Blick des Kindes, das übrigens der Künstler, um die
Hauptfigur nicht zu beeinträchtigen, auffallend klein gebildet hat,
ist gespannt auf einen Gegenstand gerichtet, den Hermes in der
rechten Hand gehalten haben muß, der aber leider nicht auf=
gefunden ist. Während das rechte Händchen des Kindes auf der
linken Schulter des Gottes aufliegt, greift das linke Ärmchen mit
Lebhaftigkeit nach einem in der rechten Hand des Hermes be=
findlichen Gegenstand, welcher die Aufmerksamkeit des Kleinen
erregt hat. Ob dies nun eine Weintraube, die für den zukünf=
tigen Gott des Weins ein durchaus passender Gegenstand des
Verlangens sein würde, oder ein mit Münzen gefüllter Beutel
gewesen, darüber gehen die Meinungen auseinander.[1]) Es ist
auch wohl die Vermutung ausgesprochen worden, daß Hermes ein
tönendes Spielzeug, nämlich Klappern (κρόταλοι), in der er=
hobenen Rechten gehalten habe, und wenn wir den eigentümlichen
Blick des Gottes betrachten, so scheint diese Annahme manches
für sich zu haben. Auffallend ist nämlich, daß der Gott dem
Kinde sein Auge nicht zugewendet hat, sondern träumerisch vor sich
hinblickt. Ernst Curtius sucht diese Erscheinung dadurch zu er=
klären, daß er sagt: „Wären die Augen gespannt auf das Kind
gerichtet, so hätte dies eine gezwungene Kopfhaltung und eine
zu starke Drehung der Halsmuskeln erfordert. Die Gruppe
würde an geschlossener Einheit gewonnen, aber an Schönheit und
Freiheit verloren haben."

Gegen die Schönheit des Originals in Marmor tritt natürlich
jeder Gipsabguß und jede Abbildung weit zurück, aber trotz
alledem können wir doch auch an diesen Nachbildungen die Größe
des Künstlers ermessen. Die jugendlich schönen Formen des
Körpers,[2]) das liebliche Oval des durchgeistigten Kopfes, dessen

---

[1] Daß Hermes, wie man auch angenommen hat, in der erhobenen
Rechten einen Thyrsosstab gehalten und sich darauf gestützt habe, ist nicht
recht wahrscheinlich. Abgesehn davon, daß der Stützpunkt des Gottes auf
der linken Seite liegt, bleibt es unklar, wodurch die Aufmerksamkeit des
Dionysos erregt wird.

[2] Daß der Gott durch Schönheit hervorragte, lesen wir schon in den
homerischen Hymnen (3, 575): χάριν δ'ἐπέθηκε Κρονίων.

Haar vermutlich mit einem aus Metall gebildeten Kranze geschmückt war, die leichte und gefällige Stellung, die durch das Auflehnen hervorgerufen wird, und schließlich die kunstreiche Behandlung des Faltenwurfs in dem über den Baumstamm geworfenen Mantel, wobei, um mit Curtius zu reden, „der Künstler zeigen konnte, wie er die schwierigsten Aufgaben der Marmortechnik spielend erledigt," — alles verrät die Hand eines Meisters. „Zweifellos," sagt Urlichs, „wird jedermann beim Anblick des vollendeten Marmorwerkes weniger in laute Begeisterung als in frohe, gehobene Feststimmung versetzt, die als edelste und erhabenste Wirkung der bildenden Kunst erachtet werden muß." Daß übrigens Praxiteles auch die Farbe benutzt hat, um den Eindruck des Kunstwerks zu erhöhen, ist aus Spuren, die sich an den Haaren und an der einen Sandale gefunden haben, so gut als gewiß. Auch sonst brachte der Künstler die Polychromie bei seinen Bildwerken zur Anwendung, und namentlich leistete ihm dabei ein Maler Nicias hülfreiche Hand. Plinius[1]) hebt besonders hervor, daß Praxiteles die Statuen, bei denen ihm der genannte Maler mit seiner Kunst hülfreiche Hand geleistet, selbst am höchsten geschätzt habe.

Ragte das Heraion durch sein ehrwürdiges Alter unter den Heiligtümern Olympias hervor, so nahm an Glanz und Pracht die erste Stelle der Zeustempel ein; diesem wenden wir uns jetzt zu. Das Heiligtum, an Größe fast dem Parthenon auf der Akropolis gleich, — er maß 64,10 m in der Länge, 27,66 m in der Breite und hatte bis zum Giebelfirst eine Höhe von 20,25 m — ist vermutlich an die Stelle eines einfachern Tempels getreten; aller Wahrscheinlichkeit nach wurde es im Jahre 456 vor Chr. vollendet und bei der Festfeier der 81. Olympiade eingeweiht.[2]) Als Baumeister wird uns der Eleer Libon (Λίβων) genannt;

---

[1]) Plin. nat. hist. XXXV, 133: hic est Nicias, de quo dicebat Praxiteles interrogatus, quae maxime opera sua probaret in marmoribus: quibus Nicias manum admovisset; tantum circumlitioni eius tribuebat.

[2]) Overbeck, Gesch. der griech. Plastik. I, S. 308. Mit diesem Termin stimmt auch die Thatsache überein, daß die Lacedämonier zur Erinnerung an den Sieg, den sie im Jahre 457 vor Chr. über Argos und Athen erfochten hatten, einen mit dem Gorgoneion verzierten goldenen Schild an dem Mittel-

außerdem wird uns gemeldet, daß die Mittel zum Bau aus der Siegesbeute genommen wurden, welche die Eleer einem gegen die Pisaten und die angrenzenden Völkerschaften glücklich geführten Kriege zu danken hatten. Das Material war sogenannter Poros (πῶρος), ein marmorähnlicher Stein, der in der Nähe gebrochen wurde; nur einzelne Teile, wie die Figuren der Giebelfelder und die Metopen, sowie das Gesims, die Dachrinnen mit den als Wasserspeiern dienenden Löwenköpfen und die Dachziegel waren aus pentelischem Marmor. Der Tempel war, wie das Heraion, ein dorischer Peripteros und bestand wie dieses aus einem Pronaos, einer durch Säulen in ein Hauptschiff und zwei Seitenschiffe geteilten Cella, in welcher sich das hochberühmte Zeusbild des Phidias befand, und aus einem durch eine Mauer davon geschiedenen Hinterhaus (Opisthodom) (siehe untenstehende Abbildung). Die Vorderseite des Pronaos und des

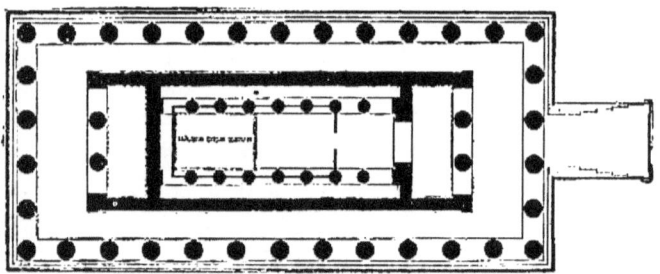

Grundriß des Zeustempels.

Opisthodoms wurde durch je zwei zwischen den Eckpfeilern stehende Säulen gebildet. Der ganze eigentliche Tempelraum war von dorischen Säulen umgeben, und zwar befanden sich auf der Schmalseite je 6, auf der Breitseite je 13 (die Ecksäulen eingerechnet). Die mit 20 Kannelüren versehenen Säulen hatten eine Höhe von 10,43 m und einen Durchmesser von 2,24 m. Das Dach war an den Ecken mit großen ehernen Kesseln geschmückt, und die Spitzen der beiden Giebel zierte eine Siegesgöttin. Die Zerstörung durch die elementaren Kräfte ist leider so gewaltig gewesen, daß es schwer hält, sich an Ort und Stelle von

---

akroterion des Ostgiebels anbringen ließen. Teile der darauf bezüglichen Inschrift sind wieder aufgefunden worden.

der Schönheit des Bauwerks eine Vorstellung zu machen, das vielleicht einen noch erhebenderen Eindruck als der Parthenon gemacht hat. Glücklicherweise ist ein sehr großer Teil von den Figuren der beiden Giebelfelder und den zwölf Metopen, die sich einst auf der Außenseite des Pronaos und des Opisthodoms befunden haben, wieder ausgegraben worden, und da der Bericht des Pausanias, so mangelhaft und unzuverlässig er auch an nicht wenigen Stellen ist, eine schätzenswerte Hülfe leistet, so ist es eifriger Forschung gelungen, eine Rekonstruktion der meisten Metopen und auch der Giebelgruppen vorzunehmen. Es ist nicht zu verwundern, daß bei dem trümmerhaften Zustande, in dem die einzelnen Figuren auf uns gekommen sind, über die Ergänzung und Aufstellung unter den Archäologen vielfach Meinungsverschiedenheit herrscht.

Wir betrachten zuerst den Ostgiebel, die Seite des Tempels, auf der sich auch der Zugang zu dem Heiligtum befand. Den Gegenstand, der auf diesem Giebelfelde dargestellt war, bildete, wie uns Pausanias[1] berichtet, „der noch bevorstehende Roßwettkampf des Pelops gegen Önomaos und der Akt des Wettkampfs beiderseitig in Vorbereitung," mithin eine Sage, die zu der Landschaft Elis in den engsten Beziehungen stand. Derselbe Stoff war von Sophokles und Euripides in einer Tragödie behandelt worden, die Stücke sind uns aber leider nicht erhalten. Die mythologische Begebenheit, die der Künstler zum Vorwurf seiner plastischen Darstellung genommen hat, ist folgende: Önomaos, König von Pisa in Elis und Gemahl der Sterope (Στερόπη), besaß eine durch Schönheit ausgezeichnete Tochter Hippodameia (Ἱπποδάμεια). Da ihm vom Orakel geweissagt worden war, er werde durch den Gemahl seiner Tochter den Tod finden, so stellte er in der festen Zuversicht, daß er durch die Hülfe seiner windschnellen Rosse von übernatürlicher Herkunft stets den Sieg gewinnen werde, allen Freiern die Bedingung, sich mit ihm zuvor in einer Wettfahrt von Olympia nach Korinth zu messen und im Falle des Unterliegens den Tod zu erleiden. Nachdem schon viele Freier bei der Werbung um die Königs-

---

[1] Pausan. V, 10, 6: *Τὰ δὲ ἐν τοῖς ἀετοῖς* (= Giebelfeld) *ἐστιν ἔμπροσθεν Πέλοπος ἡ πρὸς Οἰνόμαον τῶν ἵππων ἅμιλλα ἔτι μέλλουσα καὶ τὸ ἔργον τοῦ δρόμου παρὰ ἀμφοτέρων ἐν παρασκευῇ.*

tochter ihr Leben verloren haben, kommt Pelops, des Tantalus Sohn, nach Elis, um die Hand der Hippodamia zu erringen. Es gelingt ihm, den Wagenlenker des Königs, Myrtilos (*Μύρ- τιλος*), zu bestechen; dieser verspricht ihm um schnöden Lohn, den König dadurch um den gewohnten Sieg zu bringen, daß er die Pferde desselben durch einen Zauber bannt oder, wie eine andere Sage meldet, die Sicherung an den Rädern vor dem Beginn der Wettfahrt heimlich lockert. Infolgedessen wird Onomaos besiegt, er kommt zu Fall und giebt sich in Verzweiflung selbst den Tod oder wird nach einer andern Überlieferung von Pelops durch- bohrt, der alsdann die Königstochter als Gemahlin heimführt. Eine Sage also hat der Künstler zum Vorwurf seiner plastischen Darstellung genommen, die mit der ältesten Geschichte des Landes auf das engste verknüpft war und auch mit der Gründung der olympischen Spiele in Beziehung stand.

Die zum Teil arg verstümmelten Figuren zu ergänzen und wieder an ihre Stelle zu bringen, hat nicht geringe Schwierig- keiten verursacht und manche Meinungsverschiedenheit hervor- gerufen. Hören wir zuerst den Bericht des Pausanias.

Die Beschreibung dieses Giebels ist bei ihm zwar aus- führlicher, als die des Westgiebels, aber sie läßt doch an meh- reren Stellen Klarheit und Deutlichkeit vermissen. Er berichtet darüber Folgendes:[1] „Während das Bild des Zeus in der Mitte angebracht ist, steht Onomaos, das Haupt mit einem Helme bedeckt, zur Rechten des Zeus, neben ihm seine Gattin

---

[1] Paus. V, 10, 6: Διὸς δὲ ἀγάλματος κατὰ μέσον πεποιημένου μάλιστα τὸν ἀετόν, ἔστιν Οἰνόμαος ἐν δεξιᾷ τοῦ Διὸς ἐπικείμενος κράνος τῇ κεφαλῇ, παρὰ δὲ αὐτὸν γυνὴ Στερόπη, θυγατέρων καὶ αὕτη τῶν Ἄτλαντος. Μύρτιλος δέ, ὃς ἤλαυνε τῷ Οἰνομάῳ τὸ ἅρμα, κάθηται πρὸ τῶν ἵππων· οἱ δέ εἰσιν ἀριθμὸν οἱ ἵπποι τέσσαρες. Μετὰ δὲ αὐτόν εἰσιν ἄνδρες δύο· ὀνόματα μέν σφισιν οὐκ ἔστι, θεραπεύειν δὲ ἄρα τοὺς ἵππους καὶ τούτοις προστέτακτο ὑπὸ τοῦ Οἰνομάου. Πρὸς αὐτῷ δὲ κατάκειται τῷ πέρατι Κλάδεος· ἔχει δὲ καὶ ἐς τὰ ἄλλα παρ' Ἠλείων τιμὰς ποταμῶν μάλιστα μετά γε Ἀλφειόν. Τὰ δὲ ἐς ἀριστερὰ ἀπὸ τοῦ Διὸς ὁ Πέλοψ καὶ Ἱπποδάμεια καὶ ὅ τε ἡνίοχός ἐστι τοῦ Πέλοπος, καὶ ἵπποι, δύο τε ἄνδρες, ἱπποκόμοι δὴ καὶ αὐτοὶ τῷ Πέ- λοπι. Καὶ αὖθις ὁ ἀετὸς κάτεισιν ἐς στενόν, καὶ κατὰ τοῦτο Ἀλφειὸς ἐπ' αὐτοῦ πεποίηται. Τῷ δὲ ἀνδρί, ὃς ἡνιοχεῖ τῷ Πέλοπι, λόγῳ μὲν τῶν Τροιζηνίων ἐστὶν ὄνομα Σφαῖρος, ὁ δὲ ἐξηγητὴς ἔφασκεν ὁ ἐν Ὀλυμπίᾳ Κίλλαν εἶναι.

Sterope, eine der Töchter des Atlas. Myrtilos aber, der dem Onomaos den Wagen lenkte, sitzt vor den Pferden; dieser Pferde sind an Zahl vier. Nach diesem kommen zwei Männer; sie haben keine Namen, die Pferde zu besorgen war aber auch diesen von Onomaos aufgetragen. Ganz am Ende aber ist der Kladeos gelagert; dieser wird auch im übrigen neben dem Alpheus von den Eleern am meisten geehrt. Zur linken Hand von Zeus befinden sich Pelops, Hippodameia, der Wagenlenker des Pelops, Pferde und zwei Männer, auch sie wohl Pferdeknechte des Pelops. Und wieder verengt sich der Giebel, und an dieser Stelle ist der Alpheus dargestellt. Der Mann, der dem Pelops den Wagen lenkt, heißt nach der Angabe der Trözenier Sphairos, der Fremdenführer in Olympia aber sagte: er heiße Killas." Müssen wir auch dafür dankbar sein, daß uns diese Beschreibung eines antiken Schriftstellers erhalten ist, so haben wir es doch zu beklagen, daß er sich nicht genauer über die Gruppierung der einzelnen Figuren ausgesprochen hat. So ist es nicht zu verwundern, daß die Anordnung derselben in verschiedener Weise erfolgt ist und über nicht wenige Punkte eine Einigung unter den Archäologen nicht hat erzielt werden können. Ohne uns auf diese Streitfragen einzulassen, folgen wir bei der Beschreibung dieses wie des andern Giebelfelds der Anordnung, wie sie Professor Treu in dem Königlichen Albertinum zu Dresden getroffen hat,[1]) und wie sie uns auf unsern Abbildungen entgegentritt.

Es ist von dem Künstler, wie Pausanias richtig bemerkt, die Vorbereitung zu der für den König Pelops verhängnisvollen Wallfahrt zur Anschauung gebracht; mithin herrscht in dem Ganzen gespannte Erwartung und eine unheimliche Stille, die der Ruhe vor dem herannahenden Gewittersturme zu vergleichen ist. In der Mitte des Giebelfelds steht Zeus, welcher die übrigen Figuren der Komposition an Größe weit überragt. Nur ein Torso ist uns von dem obersten der Götter erhalten; das Haupt sowie ein Teil der Arme und der Beine sind zu Grunde gegangen. Brust und Schultern des Gottes zeugen von Kraft und Stärke; um den

---

[1]) Die Aufstellung der Gruppen in Berlin, die nach den Angaben des Prof. E. Curtius und des Bildhauers Grüttner erfolgt ist, und die mit der im Syngreion zu Olympia übereinstimmt, zeigt mancherlei Abweichungen, auf die näher einzugehen hier aber nicht der Ort ist.

Unterleib und die Füße ist ein Mantel geschlungen, den die
Hand des linken am Körper herabhängenden Armes festhält. Da
dieselbe durchbohrt ist, so läßt sich annehmen, daß sie zugleich ein
Scepter gehalten hat. Das Haupt ist, wie sich aus dem Hals=
ansatz deutlich erkennen läßt, etwas nach rechts gewendet zu
denken, nach der Seite, wo Pelops steht; es soll dadurch wohl
angedeutet werden, daß diesem, der ja auch auf der rechten d. h.
glückverheißenden Seite des Götterkönigs steht, in dem bevor=
stehenden Wettkampfe der Sieg zu teil werden wird. Der rechte
Arm liegt an dem Körper an; die rechte Hand hält einen
Zipfel des Mantels. Es sei übrigens noch auf die an und für
sich auffallende Erscheinung hingewiesen, daß die übrigen Per=
sonen auf den anwesenden Gott keine Rücksicht nehmen: er ist
von dem Künstler sozusagen nur als stummer Zuschauer auf=
gefaßt. Links von dem Gotte[1]) steht Pelops, eine jugendfrische
Gestalt mit völlig bartlosem Gesichte. Der Künstler hat ihn
unbekleidet dargestellt; nur der von dem linken Arm gehaltene
Schild verdeckt einen Teil des ruhig dastehenden Jünglings, der
sich mit dem rechten erhobenen Arm vermutlich auf seinen Speer
stützt. Er dreht Zeus den Rücken zu und wendet sich zu der
links neben ihm stehenden weiblichen Gestalt, in der wir Hippo=
dameia, seine zukünftige Gemahlin, zu erblicken haben. Sie ist
mit einem langen, bis auf die Füße herabwallenden Gewande be=
kleidet; der rechte Arm liegt quer über der Brust; auf die
Hand des erhobenen linken Armes stützt die Fürstentochter ihr
Haupt. Es macht den Eindruck, als ob sie in tiefes Nachdenken
versunken sei. Das Haupt ist dem zukünftigen Gemahl leise zu=
geneigt. Den Raum zwischen Hippodamia und dem Viergespann
des Pelops füllt eine jugendliche, fast knabenhafte Ge=
stalt, die auf dem Boden hockt und das rechte Bein unter das
bis zur Brust emporgezogene linke geschlagen hat. Mit dem
rechten Arm stützt sich der Jüngling auf den Boden, während die
Hand des schlaff herabhängenden linken Armes — ein recht reali=
stischer Zug — mit dem großen Zehen des linken Fußes spielt.
Der Mantel, auf dem die Figur sitzt, bedeckt den Rücken und
einen Teil der linken Körperhälfte. Das Haupt, welches nicht
erhalten ist, muß etwas nach vorn übergebeugt gewesen sein.

---

[1]) Hier wie im folgenden immer vom Beschauer aus gerechnet.

Ob in dieser jugendlichen Gestalt der Wagenlenker des Pelops, Sphairos (Σφαῖρος), oder Killas (Κίλλας), wie ihn nach Pausanias der Führer in Olympia nannte, zu erblicken ist, erscheint fraglich; Treu nimmt ihn nicht dafür, sondern hält ihn für einen Wagenknecht (ἱπποκόμος).

Waren die bisher genannten Figuren in Vorderansicht dargestellt, so sind die übrigen bis zur Giebelecke im Profil gebildet. Gleich neben dem kauernden Jüngling bemerken wir **das Viergespann des Pelops**. Die Schwierigkeit, auf einem Raume, der noch nicht 80 cm breit war, vier nebeneinander stehende Rosse zur Anschauung zu bringen, hat der Künstler dadurch glücklich überwunden, daß er nur das vorderste, am weitesten nach links stehende Pferd, das mit den andern durch einen Dübel verbunden ist, in voller Körperlichkeit ausgearbeitet hat, während die drei andern, die in etwas schräger Richtung stehen, nur in flachem Relief auf **einer Platte** gebildet sind. Auch von den Pferden ist der größte Teil verloren gegangen; die erhaltenen Fragmente lassen aber immerhin erkennen, daß die Körper und namentlich die Köpfe mit großem Verständnis gearbeitet waren: die lebhaften Augen sowie die zurückgelegten Ohren weisen deutlich genug auf das Feuer und den Mut der für den Wettkampf bestimmten Tiere hin.

Hinter dem Wagen, der nach vorhandenen Anzeichen wohl aus Marmor[1]) gebildet gewesen ist, kniet mit dem rechten Bein ein sehniger, kraftvoller Mann, der vermutlich mit den Zügeln der Rosse beschäftigt ist. Der untere Teil des Körpers ist durch einen Mantel verhüllt; derselbe zieht sich auch über den Rücken hin und fällt über die linke Schulter herab. Als diese Statue, die zuerst von den Giebelskulpturen gefunden wurde, aus Licht kam, glaubte man anfänglich, es sei der Torso einer Zeusgestalt. Dieser Irrtum ist bald berichtigt worden. Professor Treu entscheidet sich dafür, daß wir in dieser Figur die Gestalt des Sphairos oder Killas vor uns haben, eine Annahme, die allerdings mit dem Bericht bei Pausanias in Widerspruch steht. Hinter Sphairos kniet eine jugendliche, völlig unbekleidete Jünglings-

---

[1]) Nach einer andern Annahme war er aus Erz gefertigt. E. Curtius (Gesammelte Abhandlungen. Bd. II, S. 356) spricht sich dahin aus, daß die Wagen überhaupt nicht dargestellt gewesen sind. Sie fehlen deshalb auch im Berliner Museum, während sie im Albertinum zu Dresden ergänzt sind.

gestalt, die wir aller Wahrscheinlichkeit nach für einen Wagenknecht des Pelops zu halten haben. Ob der Jüngling dem Wagenlenker einen Stachelstab (κέντρον) zum Antreiben der Rosse zugereicht hat oder gleichfalls mit den Zügeln beschäftigt gewesen ist, muß dahin gestellt bleiben. Jedenfalls läßt sich aus der Stellung des rechten Armes entnehmen, daß er in irgend einer Weise sich an der Zurüstung des Gespannes beteiligt hat. In dem Winkel des Giebelfelds lagert schließlich eine langhingestreckte männliche Gestalt, in der wir nach Pausanias den Flußgott Alpheios zu erblicken haben. Mit dem Kopfe stützt er sich auf den linken Arm, während der rechte, lang ausgestreckt, nach dem Gewande greift, das nur bis über die Knie hinaufreicht. Das rechte Bein ist über das linke geschlagen und verdeckt dieses zum größten Teil. Nichts Charakteristisches ist an der Figur wahrnehmbar, so daß man zweifeln kann, ob man hier wirklich einen Flußgott vor sich hat. Der Künstler hat vielleicht nur beabsichtigt, uns einen kräftigen, schönen Mann als einen Zuschauer vor Augen zu führen, der mit einer gewissen Gemütsruhe den kommenden Dingen seine Aufmerksamkeit zuwendet.

So viel von der linken Hälfte des Ostgiebels; wir wenden uns nunmehr der andern Seite zu. Rechts von Zeus, und zwar ebenso wie Pelops dem Gotte abgewendet, steht der König Önomaos. Sein bärtiges Antlitz, das ursprünglich mit einem ehernen Helme bedeckt war, ist nach rechts (vom Beschauer aus gerechnet) gewendet. Die Haltung deutet auf Trotz und Selbstvertrauen: der rechte Arm ist in die Seite gestemmt, die erhobene Linke hält die Lanze umfaßt, die schon so vielen das Verderben gebracht hat. Nur die Schultern sind durch einen Mantel, dessen Ende über den linken Oberarm geschlagen ist, verhüllt; die Formen des Kriegers sind voll und kräftig herausgearbeitet. Rechts von ihm erblicken wir seine Gattin Sterope; sie ist mit einem langen, ärmellosen sogenannten Doppel=Chiton (χιτών) bekleidet, der in ziemlich steifen, parallellaufenden Falten herabfällt und nur so viel wahrnehmen läßt, daß der Körper fest auf dem linken Beine ruht, während das rechte ein wenig nach außen gebogen ist. Über dem Chiton trägt die Königin ein tuchartiges Gewand (die sogenannte διπλοΐς), das an beiden Seiten in schweren Falten herabhängt. Das Haupt ist nach derselben Richtung, wie das ihres Gatten, gewendet. Mit der linken Hand des nach oben

gebogenen Armes hält sie einen Zipfel des Gewandes; in der
Rechten scheint sich irgend ein heiliger Gegenstand befunden zu
haben. Die ganze Gestalt bietet in ihrer Bildung so viel
Ähnlichkeit mit der bekannten Vesta Giustiniani, daß man sie
nach der Auffindung zuerst thatsächlich für eine Vesta gehalten
hat. Den durch die Köpfe der vier Rosse beschränkten Raum
nimmt der Wagenlenker des Königs, Myrtilos, ein, der An-
stifter des über seinen Herrn hereinbrechenden Unheils. Die Figur
ist in einem so verstümmelten Zustand auf uns gekommen,
daß der Ergänzung ziemlich freier Spielraum gelassen ist. Nach
der von Herrn Professor Treu vorgenommenen Restauration ruht
der Wagenlenker auf dem linken Schenkel, während er das rechte
Knie emporgezogen hat. Das Haupt, von dem uns durch die
Ungunst des Schicksals auch nur ein Teil erhalten ist, hat er
vermutlich zu den Rossen erhoben und in seinen Händen wahrscheinlich die Zügel gehalten. Die Gestalt ist ihrer ganzen Bildung
nach die eines nicht mehr jungen, aber durchaus noch rüstigen
Mannes. Hinter dem Viergespann und dem Wagen desselben
sitzt ein **bejahrter Mann** am Boden. Das rechte Knie
hat er wohl emporgezogen, um es als Ruhepunkt für seinen
rechten Arm zu benutzen; auf diesen stützt er sein bärtiges, auffallend gut erhaltenes Haupt. Ob der linke Arm sich auf den
Boden stemmt, oder, wie Professor Treu annimmt, einen Stab
umfaßt hielt, muß dahin gestellt bleiben. Der Mantel ist herab-
geglitten und bedeckt nur die untere Hälfte des Körpers. Die
Bildung der Brust, die Falten auf der Stirn, das zum großen
Teil kahle Haupt — alles deutet darauf hin, daß wir einen
im Lebensalter schon weit vorgerückten Mann vor uns haben.
Eigentümlich ist dieser Figur, daß sie eine gewisse Porträtähnlichkeit
hat[1]) (siehe umstehende Abbildung) — man wird an Garibaldi
erinnert —, während bei den andern Gestalten alle individuellen
Züge fehlen. Man hat in dieser der stillen Betrachtung zugewendeten Gestalt einen Seher erkennen wollen, indessen stichhaltige
Gründe haben sich für diese Annahme nicht vorbringen lassen;

---

[1]) „Diesen rauhen und kräftigen Alten," sagt ein französischer Gelehrter,
„muß der Bildhauer irgendwo auf der Straße gesehen haben; er hatte unter
König Pausanias bei Platää mitgefochten, manch liebes Mal als Hoplit
gedient, und die Last des Helmes ist es gewesen, die sein Haupthaar ge-
lichtet hat."

es liegt wohl näher zu vermuten, daß der Künstler einen Mann dargestellt hat, der gleichfalls mit der Wartung der Pferde betraut war, und daß er, um in die Gruppe eine gefällige Abwechslung hineinzubringen, an dieser Stelle einen im Greisenalter stehenden Mann gebildet hat.[1]) Aus gleichem Grunde hat er vermutlich hinter dem Alten die Gestalt eines **jungen Mädchens**, vielleicht

Alter Mann vom Ostgiebel des Zeustempels.

einer Dienerin der Sterope, angebracht. Bei Pausanias ist hier augenscheinlich ein Irrtum untergelaufen: er spricht von zwei Männern, die hinter dem Gespann sich befinden, hat also die in Frage stehende Figur als eine männliche aufgefaßt. Den Abschluß bildet, wie Pausanias angiebt, der **Flußgott Kladeos**, der jugendlicher gebildet ist als der wasserreichere und bedeutendere Alpheios. Der Jüngling, lang hingestreckt, stützt sich auf beide Arme; der linke Unterarm ruht auf dem Boden, während der rechte emporgehoben ist. Mit gespanntem Blick und halbgeöffnetem Munde ist er dem Vorgange, der sich vor seinen Augen abspielen will, zugewendet. —

[1]) Von einigen Gelehrten wird diese Figur als **Myrtilos** bezeichnet.

Wir ziehen nunmehr den **Westgiebel** in den Kreis unsrer Betrachtung. Pausanias[1]) hat sich in seiner Beschreibung sehr kurz gefaßt und uns darüber nur folgendes berichtet: „Was in dem (westlichen) Giebel dargestellt ist, das ist der Kampf der Lapithen gegen die Kentauren auf der Hochzeit des Peirithoos. In der Mitte des Giebels ist Peirithoos; neben ihm auf der einen Seite Eurytion, der das Weib des Peirithoos geraubt hat, und dem Peirithoos beistehend Kaineus, auf der andern Seite Theseus, der mit einem Beile die Kentauren züchtigt. Von diesen hat der eine eine Jungfrau, der andere einen blühenden Knaben geraubt."

Es handelt sich also um den Kampf der Lapithen und Kentauren bei der Hochzeit des Peirithoos, damit zugleich um den Gegensatz zwischen Barbarentum und Hellenentum. Peirithoos hat nach der Sage zu seiner Hochzeit mit der Deidamia (Δηϊδάμεια) auch das wilde Volk der Kentauren[2]) eingeladen, jene Unholde, die halb Pferd, halb Mensch waren. Bei dem Weingelage erhitzen sich diese, und als einer von ihnen, Eurytion, die Braut zu rauben versucht, erheben sich auch die andern, um Jungfrauen und Knaben als willkommene Beute wegzuschleppen. Es beginnt ein furchtbarer Kampf, in dem Peirithoos, von seinem Freunde Theseus unterstützt, schließlich den Sieg davon trägt. Der Mythus bot einem Künstler eine reiche Menge packender Motive: kein Wunder, daß dieser Vorwurf wiederholt für plastische Kunstwerke verwendet worden ist.[3]) Auch von diesem Giebel haben sich so viele Fragmente gefunden, daß eine Rekonstruktion möglich

---

[1]) Pausan. V, 10, 8: Τὰ ἐν τοῖς ἀετοῖς ἐστιν αὐτῷ Λαπιθῶν ἐν τῷ Πειρίθου γάμῳ πρὸς Κενταύρους ἡ μάχη. Κατὰ μὲν δὴ τοῦ ἀετοῦ τὸ μέσον Πειρίθους ἐστί· παρὰ δὲ αὐτὸν τῇ μὲν Εὐρυτίων ἡρπακὼς τὴν γυναῖκά ἐστι τοῦ Πειρίθου, καὶ ἀμύνων Καινεὺς τῷ Πειρίθῳ, τῇ δὲ Θησεὺς ἀμυνόμενος πελέκει τοὺς Κενταύρους. Κένταυρος δὲ ὁ μὲν παρθένον, ὁ δὲ παῖδα ἡρπακὼς ἐστιν ὡραῖον.

[2]) Die Kentauren sind ein phantastisches Geschlecht von Dämonen, das in Waldgebirgen herrschte. Man verlegte ihren Wohnsitz nach dem nördlichen Griechenland, namentlich nach Thessalien: sie sind eine Personifikation „roher Naturkraft, gesetzloser Rauflust, gottlosen Frevels." Homer nennt sie „berglagernde Unholde".

[3]) So enthielten die Metopen auf der Südseite des Parthenon Kämpfe der Lapithen und Kentauren. Fragmente derselben befinden sich im britischen Museum zu London. Auch in den Skulpturen des Theseions in Athen und des Apollotempels zu Bassa bei Phigalia in Arkadien finden sich Darstellungen aus diesem Sagenkreise.

gewesen ist. Über die Anordnung einzelner Gruppen gehen auch hier die Ansichten der Archäologen auseinander; ohne uns auf dieselben hier weiter einzulassen, folgen wir wiederum der Aufstellung, wie sie Professor Treu nach sorgfältiger Prüfung und verschiedenen Abänderungen vorgenommen hat. (Siehe Abbildung S. 32.)

In der Mitte des Giebels steht auch hier ein Gott, der ebenso wie Zeus in dem bereits besprochenen Giebelfeld der Handlung beiwohnt, ohne in dieselbe persönlich einzugreifen. Pausanias hat fälschlicherweise bei seiner auch sonst ziemlich mangelhaften Beschreibung angegeben, daß an dieser Stelle Peirithoos stehe; denn schon die Größe der Figur, die alle anderen weit überragt, deutet bestimmt darauf hin, daß wir es hier mit einem Gotte zu thun haben. Außerdem schließt das Haupt, das ganz besonders gut erhalten ist, jeden Zweifel aus, daß wir Apollo vor uns sehen, den Stammvater der beiden Geschlechter, die sich jetzt blutig bekämpfen. Der Gott, als bartloser Jüngling und mit Gesichtszügen dargestellt, die noch eine gewisse Steifheit bekunden und an die archaische Zeit anklingen, trägt über der rechten Schulter ein mantelartiges Gewand, die Chlamys ($\chi\lambda\alpha\mu\acute{\upsilon}\varsigma$), die über den Rücken läuft und über den linken Arm herabhängt; der kräftige Gliederbau tritt im übrigen dem Beschauer unverhüllt entgegen. Vermutlich hat der Gott in seiner linken Hand den Bogen gehalten; wenigstens weist ein daran befindliches Bohrloch darauf hin, daß in derselben ein Gegenstand befestigt gewesen ist. Das gelockte Haar, das nur ein Reifen zusammenhält, wallt in reicher Fülle herab; das Haupt ist nach rechts gewendet, und der nach derselben Seite ausgestreckte Arm zeigt an, daß der hier tobende Kampf siegreich für den König der Lapithen sein wird. Noch wogt derselbe in seiner ganzen Furchtbarkeit hin und her; aber aus der Situation, in der sich die einzelnen Kentauren befinden, läßt sich doch schon ahnen, daß sie unterliegen und für ihren Frevel gegen das Gastrecht schwer büßen werden.

Neben dem Gotte auf der linken Seite (vom Beschauer gerechnet) steht der allerdings nur in wenigen Bruchstücken erhaltene Peirithoos, der dem Gott Apollo den Rücken zukehrt. Der Mantel scheint herabgesunken zu sein und nur noch den unteren Teil des rechten Beines und den linken Unterarm zu bedecken. In der linken Hand hält er die Schwertscheide, der rechte Arm, über dem

Haupte liegend, holt mit dem Schwerte zu einem wuchtigen Hiebe
aus, der dem links von ihm stehenden Kentauren gilt. Dieser
hält mit beiden Armen und dem einen Vorderfuß die Braut des
Theseus, Deidamia, umfaßt, die sich mit aller Kraft wehrt und
von der Umschlingung zu befreien sucht. Der bärtige Kentaur
trägt bereits eine klaffende Wunde auf der Stirn: im nächsten
Augenblicke muß er seine Beute loslassen. Neben dieser packenden
Gruppe hat sich ein Kentaur auf die Vorderfüße nieder=
gelassen, der einen Knaben, vielleicht einen Mundschenken, mit
dem linken Arm am linken Oberschenkel gepackt hält; dieser
wehrt sich mit allen Kräften und holt mit dem rechten Arme zum
Schlage gegen das Haupt des Unholds aus. Der Künstler hat
sich wie in der entsprechenden Gruppe auf der andern Hälfte
des Giebels damit begnügt, nur den vordern Teil vom Körper
des Kentauren darzustellen; es erweckt den Anschein, als ob
dieser aus dem Giebel heraustrete. Die weiter links stehende
Gruppe setzt sich aus drei Personen zusammen: ein in der
Mitte befindlicher Kentaur, der niedergesunken ist, und dessen
Körper eine eigentümlich gebogene Linie bildet, hält mit dem
lang ausgestreckten linken Arme eine Lapithin in den Haaren
gepackt; diese stemmt ihren rechten Arm gegen das Gesicht des
Räubers, während sie mit dem erhobenen linken ihr Haupthaar
von der Hand desselben zu befreien sucht. Die Rettung naht ihr
in der Gestalt eines jugendlichen Lapithen, der auf das linke
Knie sich stemmt und mit beiden Händen das Haupt des Ken=
tauren gepackt hält, um diesen mit aller Gewalt zu sich herüber=
zuziehen. Es sei noch besonders darauf hingewiesen, wie vor=
trefflich es der Künstler verstanden hat, in diesen beschränkten
Raum eine so lebendige Gruppe einzugliedern. Die Ecke des
Giebels füllen zwei weibliche liegende Gestalten, von
denen die weiter nach rechts befindliche auf einem Polster mit
dem linken Arme ruht, während der rechte nach dem Haupte zu
erhoben ist. Wir haben eine ältere Frau von barbarischem
Typus vor uns, die mit gespanntem Blick dem Vorgange zu=
schaut; vielleicht hat der Künstler hierin die Amme der Braut
darstellen wollen. Die Figur schließlich, welche die Ecke füllt, ist
in behaglicher Ruhe hingelagert; sie schaut dem Kampfe zu, ohne
eine besondere Teilnahme zu bekunden. Professor Treu bezeichnet
sie ebenso wie die zuvor beschriebene Gestalt als eine Lapithin;

andere vermuten darin eine thessalische Ortsnymphe, eine Quellnymphe des Pelion, an dem nach der Sage sich die Handlung abspielt.

Auf der rechten Hälfte des Giebelfeldes tritt uns eine gleiche Anordnung der Figuren und Gruppen entgegen. Wir sehen rechts von dem Gotte Apollon, und zwar gleichfalls in einer von ihm abgewendeten Stellung, Theseus, der in erbittertem Kampfe begriffen ist. Der Mantel ist ihm von dem Körper in der Hitze des Gefechts herabgesunken und bedeckt nur noch das linke Bein und den rechten Unterschenkel. Beide Arme sind über das Haupt erhoben und umklammern eine Waffe, vermutlich ein Beil; die kräftige, jugendliche Gestalt holt mit aller Kraft aus, um den tödlichen Streich gegen den Kentauren zu führen, der eine Lapithin mit dem linken Arm und den beiden Vorderfüßen umschlungen hält. Diese sucht sich mit beiden lang ausgestreckten Armen gegen das Ungetüm zu wehren, indem sie dasselbe am Bart und dem Haupthaar gepackt hält. Der rechte Arm des Kentauren ist nach Theseus zu ausgestreckt. Rechts davon spielt sich eine gleichfalls überaus packende Scene ab. Ein Kentaur, von dem nur die vordere Hälfte sichtbar ist, ist in die Knie gesunken und sucht mit aller Macht sich gegen einen jugendlichen Lapithen zu wehren, der mit dem rechten Arm seinen Hals umschlungen hält und ihn zu erwürgen bemüht ist. In seiner Todesnot will der Kentaur mit dem rechten, nach dem Hinterhaupt zugewendeten Arme sich von der Umschlingung befreien, während er in den Unterarm des Jünglings kräftig hineinbeißt und den linken Arm benutzt, um dessen Arm von seinem Munde wegzureißen. Der wütende Gesichtsausdruck des um sein Leben ringenden langohrigen Kentauren sowie im Gegensatz dazu der schmerzliche Zug in den Mienen des jugendlichen Lapithen sind von dem Künstler vorzüglich zum Ausdruck gebracht.

In der rechts davon befindlichen Gruppe, die wie das Gegenstück auf der andern Hälfte aus drei Figuren besteht, aber weniger geschickt ausgeführt ist, ist der Sieg des Lapithen bereits entschieden: der Kentaur, der mit dem rechten Arme eine nach links hin weit ausweichende Lapithin, die auf das Knie gesunken ist, festhalten oder auf seinen Rücken ziehen will, hat von dem rechts knieenden Lapithen, der mit der linken Hand das Haupt des Gegners zu sich herüberzieht, bereits den Todesstoß empfangen. Das mit aller Wucht geführte kurze Schwert ist ihm auf der rechten Seite in die Brust gedrungen und hat den Körper völlig durchbohrt; die Spitze des Schwertes ist an der rechten Schulter sichtbar. Die Ecke nehmen auch hier wieder zwei weibliche Gestalten ein, von denen die in dem Winkel des Dreiecks gelagerte die mehr nach links gelagerte Figur zur Hälfte verdeckt. Diese hat sich auf ein Polster gelagert, auf welches sie ihre beiden Arme gestützt hat; der Ausdruck des Gesichts ist auch hier der einer bejahrten Frau. Die Eckfigur dagegen, die den linken Arm als Stütze benutzt und den andern Arm im rechten Winkel erhoben hat, trägt die Züge einer jugendlichen Gestalt. Auch auf dieser Seite war also der Künstler bestrebt, durch Darstellung verschiedener Altersstufen eine gefällige Abwechslung in die Komposition hinein zu bringen.

Die Mannigfaltigkeit in den Stimmungen und die scharfen Gegensätze, die dabei hervortreten, verleihen der Darstellung auf diesem Giebelfelde besondere Anziehungskraft. Treffend sagt darüber Ernst Curtius:[1] „Göttliche Hoheit, hellenischer Heldenmut in Männern und Frauen, tierische Roheit trunkener Kentauren, feige Schwäche ausländischer Dienerinnen, behagliche Beschaulichkeit ortshütender Nymphen — dies alles ist in ein plastisches Gesamtbild vereinigt."

Außer diesen Giebelgruppen war der Tempel noch mit zwölf in Form und Stil vielfach ähnlichen Metopen geschmückt; diese befanden sich aber nicht zwischen den Triglyphen unterhalb der Giebel, sondern über dem Eingang des Pronaos und des Opisthodoms; sie müssen vor der Vollendung des Tempels gearbeitet sein. Ein Teil dieser Skulpturen wurde, wie oben bemerkt, schon 1829 bei der französischen Expedition ausgegraben und befindet sich jetzt in den Sammlungen des Louvre. Die Platten, auf denen die plastischen Gruppen dargestellt waren, sind 1,60 m hoch und 1,50 m breit; sie enthalten die zwölf Arbeiten des Herkules, einen Vorwurf, den die Künstler auch sonst gern für den Schmuck der Metopen verwendet haben.

Wie der Heros Herkules, der Sohn des Zeus und der Alkmene, in die Dienste des Eurystheus kam und in seinem Auftrage zwölf schwere Thaten vollführen mußte, darüber berichtet die Sage fol-

---

[1] E. Curtius in Westermanns Monatsheften, 302. S. 219.

genndes. An dem Tage, an welchem in Theben Herkules geboren
werden sollte, rühmte Zeus in der Versammlung der Götter, daß
dieses Kind dereinst über alle Umwohnenden herrschen werde. Hera
läßt sich dieses Wort ihres Gemahls durch einen Eid bekräftigen,
eilt dann nach Argos und bewirkt, daß Eurystheus (*Εὐρυσθεύς*),
der Sohn des Sthenelos (Σθένελος), früher das Licht der Welt
erblickt. So kommt Herkules durch die List der Himmelskönigin
in ein Abhängigkeitsverhältnis zu dem genannten König. Als er
zu einem kräftigen Jüngling herangewachsen ist, tritt er in seine
Dienste und führt die zwölf ihm von diesem bestimmten Arbeiten
aus, nachdem Zeus erklärt hat, daß er nach der glücklichen Voll=
endung derselben zur Unsterblichkeit gelangen solle. Über die
schweren Drangsale, die er in dieser Zeit des Ringens durch=
zumachen hatte, klagt im Homer der Heros in der Unterwelt, als
er dem Odysseus entgegentritt mit folgenden Worten:

> „Zeus, des Kroniden Sohn, war ich und duldete dennoch
> Unaussprechliches Elend; dem weit geringeren Manne
> Dient' ich, und dieser gebot mir die fürchterlichsten Gefahren." [1]

Von diesen zwölf Arbeiten des Herkules befanden sich auf
der **Westseite** über dem Eingang des Opisthodoms: der Kampf
1. mit dem **nemeischen Löwen**, 2. mit der **lernäischen
Schlange**, 3. mit den **stymphalischen Vögeln**, 4. mit dem
kretischen Stier, 5. mit der **kerynitischen Hirschkuh**,
6. mit der **Amazone Hippolyte**. Auf der **Ostseite** über
dem Eingang zum Pronaos waren folgende Darstellungen ange=
bracht: 1. der **erymanthische Eber**, 2. die **Rosse des
Diomedes**, 3. **Geryon**, 4. **Atlas und die Äpfel der
Hesperiden**, 5. die **Reinigung des Augiasstalls**, 6. das
Herausführen des Kerberos aus der Unterwelt.

Von diesen Metopen ist vieles durch die Ungunst des Schick=
sals verloren gegangen, aber immerhin sind doch so viel Frag=
mente erhalten, daß der Inhalt der einzelnen Tafeln mehr oder
weniger hat festgestellt werden können. Ernst Curtius bezeichnet
diese Skulpturen [2] als „Werke von Meistern, die in treuer Arbeit

---

[1] Hom. Od. XI, 620 ff:

„Ζηνὸς μὲν πάϊς ἦα Κρονίονος, αὐτὰρ ὀϊζὺν
εἶχον ἀπειρεσίην· μάλα γὰρ πολὺ χείρονι φωτὶ
δεδμήμην, ὅ δέ μοι χαλεποὺς ἐπετέλλετ' ἀέθλους."

[2] Altertum und Gegenwart, Bd. II, S. 193.

das Beste, was ihre Schule vermochte, geleistet haben, großartige Werke im edelsten Stil, ernst und feierlich, altertümlich befangen, aber nicht ohne Züge von schalkhaftem Humor." Wir verzichten darauf, die Metopen der Reihe nach zu besprechen, und heben nur diejenigen heraus, die verhältnismäßig gut erhalten sind und den dargestellten Gegenstand noch deutlich erkennen lassen.

Wir richten unsern Blick zuerst auf die Metope, welche uns Herkules nach der Erlegung der stymphalischen Vögel vor Augen führt. Herkules kehrt als Sieger zurück, nachdem er am stymphalischen See in Arkadien die fabelhaften, von Menschenfleisch sich nährenden Vögel, die mit ehernen Krallen und Schnäbeln bewehrt waren und ihre Federn wie Pfeile abzuschießen vermochten, glücklich erlegt und dadurch das Land von einer großen Plage befreit hat, und zwar mit Hülfe der Waffen, die ihm die Göttin Athene gegeben hatte, nämlich einer Klapper zum Aufscheuchen von den Nestern und einer Anzahl Pfeile. Er ist nach der Auffassung des Künstlers glücklich von diesem Abenteuer zurückgekehrt und bringt die Beute einer weiblichen Gestalt dar, die, auf den linken Arm sich stützend, auf einem Felsen thront. Es war verzeihlich, daß man die weibliche Figur als eine Nymphe erklärte, als dieser Teil der Metope im Jahre 1829 bei der französischen Expedition gefunden wurde. Jetzt, wo die Gruppe, wenn auch lückenhaft, wieder aufgefunden ist, gilt es als zweifellos, daß wir die Göttin Athene vor uns haben, wenn auch kein Attribut beigefügt ist, welches die Göttin als solche charakterisiert. Wahrscheinlich hat sich auf dem am obern Rande ausgezackten Gewande die Ägis mit dem Gorgonenhaupte befunden. Die Göttin lauscht offenbar der Erzählung des Helden, der vermutlich einen der erlegten Vögel mit der rechten Hand vorzeigt und vielleicht in der herabhängenden Linken einen anderen trug. Ganz besondere Bewunderung verdient die Gestalt des Herkules, deren Kopf auch schon im Jahre 1829 gefunden wurde und in die Sammlungen des Louvre kam. Der schlanke Körper zeigt eine kräftige, aber durchaus nicht übertriebene Muskulatur, wie dies uns sonst wohl bei der Bildung dieses Heros entgegentritt. In der ganzen Handlung, die uns der Künstler in dieser plastischen Darstellung vorführt, herrscht eine gewisse Ruhe.

Ganz anders ist ihrem Charakter nach die zweite Metope, die wir in den Kreis unserer Betrachtung ziehen: die Bän=

digung des kretischen Stiers durch Herkules. (Siehe untenstehende Abbildung.)

Der Sage nach hatte Poseidon, der den Einwohnern der Insel Kreta wegen eines gegen ihn begangenen Frevels zürnte, einen feuerschnaubenden Stier aus dem Meere steigen lassen und in Raserei versetzt, damit er das Land weit und breit verwüste. Der König Eurystheus hatte nun dem Herkules den schwierigen Auftrag gegeben, diesen Stier lebendig einzufangen und zu ihm

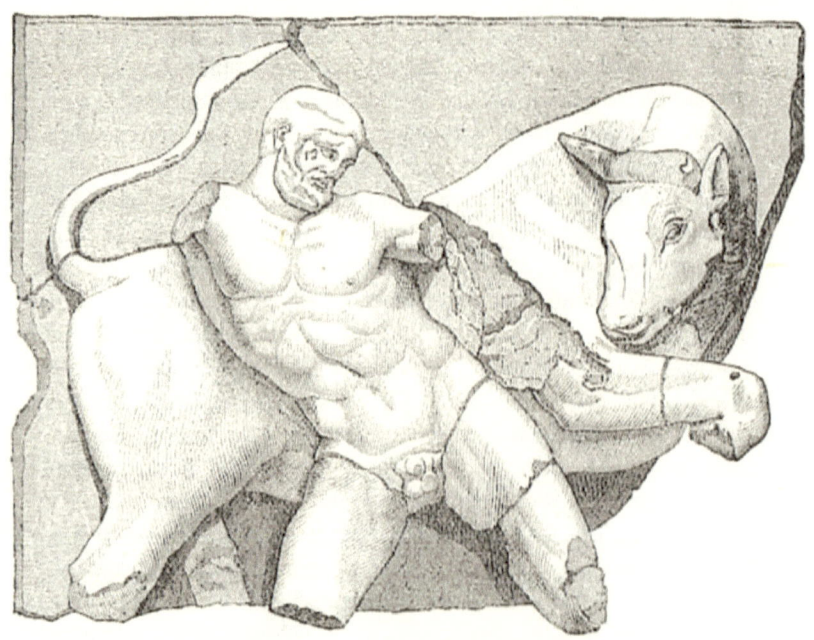

Herkules und der kretische Stier (Metope).

zu bringen. Es war keine leichte Aufgabe, die sich der Künstler stellte, wenn er den Akt der Fesselung, also einen Moment höchster Erregung, dem Beschauer vorführen wollte, er hat sie aber in meisterhafter Weise gelöst: unter den Metopen des Zeustempels nimmt diese unstreitig den ersten Platz ein. Ist auch diese Skulptur uns nicht vollständig erhalten, so vermögen wir doch folgendes deutlich zu erkennen: der Heros stützt sich auf den rechten Fuß; sein mitten im Kampf begriffener Körper weicht nach rechts hin weit aus. Mit der linken Hand hat er bereits eine Fessel um den einen Vorderfuß des wütenden

Stieres geworfen, der seinen Kopf dem Helden zuwendet und mit dem Schwanze die Luft peitscht. Ob in der Hand des rechten Armes, von dem nur wenig erhalten ist, eine Keule oder eine Fangleine sich befunden, muß dahin gestellt bleiben. „Wie dem aber auch sei," sagt Overbeck,[1]) „keinem Zweifel kann es unterliegen, daß hier ein gewaltiger Konflikt physischer Kraft, nicht athletischer Gewandtheit, dargestellt und in der Mächtigkeit der Formen sowohl des Helden wie des von ihm bekämpften Tieres, sowie darin, daß die Bewegungen der beiden Figuren sich in den Diagonalen der beiden Platten überschneiden und kreuzen, mit hoher Vorzüglichkeit zur Anschauung gebracht ist. Eine Musterkomposition wird diese Gruppe für immer bleiben." Ganz besonderes Interesse beansprucht auch die Art der Ausführung: während der übrige Körper des Tieres flach gehalten ist, springt der Kopf weit hervor; vor dem Stier tritt uns die Figur des Herkules in voller Plastik entgegen. Die Muskeln des vortrefflich ausgearbeiteten Körpers sind straff gespannt; alles weist darauf hin, daß der Held eine schwierige Handlung ausführt, bei der er seine ganze Kraft aufwenden und volle Geistesgegenwart bekunden muß. Die deutschen Ausgrabungen haben zu den Fragmenten, die bereits im Jahre 1829 von den Franzosen gefunden und nach Paris gebracht wurden, noch einige Ergänzungen zu Tage gefördert: den Kopf und die Hinterbeine des Stiers, sowie den Ansatz vom rechten Arme des Helden.

Während die beiden beschriebenen Metopen der Westseite des Tempels angehören, war die dritte und letzte, auf die wir einen Blick werfen wollen, auf der Ostseite angebracht; auf ihr sind Herkules und Atlas dargestellt; letzterer überbringt die goldenen Äpfel der Hesperiden dem Heros. Diese Metope gehört mit zu den am besten erhaltenen Skulpturen. Über die Sage von diesen goldenen Äpfeln meldet uns die griechische Mythologie folgendes: die wunderbaren Früchte, welche Ge oder Gaia der Hera bei ihrer Vermählung mit Zeus zum Geschenk dargebracht hatte, wurden im äußersten Westen von den Hesperiden, den Töchtern des Titanen Atlas und der Hesperis (Ἑσπερίς), bewahrt und von einem Drachen behütet. Herkules erhält von Eurystheus die Weisung, drei derselben zu holen und zu ihm zu bringen.

---

[1]) Gesch. der griech. Plastik. Bd. I, S. 334.

Auf seinen weiten Irrfahrten nach den wunderbaren Gärten der
Hesperiden gelangt er zu Atlas und bittet ihn um seinen Bei=
stand. Dieser erklärt sich auch bereit, die verlangten Äpfel zu
holen, nachdem der Heros sich anheischig gemacht hat, unterdessen
ihm für die Zeit seiner Abwesenheit das Himmelsgewölbe abzu=
nehmen, das jener als Strafe dafür, daß er sich einst gegen die
Olympier aufgelehnt hatte, auf dem Haupte tragen mußte. Als
Atlas mit der verlangten Beute zurückkehrt, will er die Last nicht

Atlas-Metope.

wieder auf sich nehmen, Herkules aber überlistet ihn dadurch, daß
er ihn bittet, nur ihn solange davon wieder zu befreien, bis er
sich zur Verminderung des Druckes ein Polster auf das Haupt
gelegt habe. Der Künstler hat nun in der vorliegenden Metope
den Moment dargestellt, in welchem Atlas die gewünschten gol=
denen Äpfel dem Herkules überbringt (siehe obenstehende Abbildung).
Er schreitet auf ihn zu und hält dieselben in den Händen, wobei
seine Arme rechtwinklig gebogen sind. Um das schlicht gehaltene
Haupthaar schlingt sich eine Binde, welche die hohe Abkunft des
Mannes hinreichend charakterisiert.

Es ist wohl als gewiß anzunehmen, daß der Ausdruck des Gesichts dadurch ursprünglich um vieles lebendiger gewesen ist, daß zu stärkerer Hervorhebung des Haupthaars die Malerei hülfreiche Hand bot.

In der Mitte der Gruppe steht Herkules, dessen Körper kraftvolle Formen zeigt, mit eng zusammengestellten Beinen; er ist dem von der rechten Seite kommenden Atlas zugewendet. Das Himmelsgewölbe selbst ist nicht sichtbar, aber an der ganzen Stellung des Helden, an den nach oben in spitzem Winkel gebogenen Armen und besonders auch an dem auf dem Nacken ruhenden Polster, welches das Haupt niederbeugt, können wir zur Genüge wahrnehmen, daß der Heros eine sehr schwere Last zu tragen hat. Links von dem Gotte steht eine weibliche Gestalt, die mit einem langen, in ziemlich einförmigen Falten herabwallenden Untergewande bekleidet ist. Der obere Teil des Körpers ist mit einer sogenannten Diploïs bedeckt, die auf beiden Seiten in Falten herunterhängt. Der rechte Arm ist in gerader Linie herabgesenkt; er hat in seiner ganzen Bildung etwas Steifes und Ungelenkes, da genügender Raum dem Künstler hier nicht mehr zur Verfügung stand. Der nach oben gebogene linke Unterarm und die Haltung der Hand machen auf den Beschauer den Eindruck, als ob dieses weibliche Wesen den Helden bei dem Tragen der Last zu unterstützen sich anschicke. Durch diesen eigentümlichen Zug wird der Darstellung eine gewisse humoristische Färbung gegeben. Man glaubt in dieser Figur, die sich durch ganz besondere Anmut in den Gesichtszügen auszeichnet, eine Hesperide zu sehen, die Herkules als eine Art Schutzgöttin zur Seite steht; andere erblicken darin eine mitleidige Nymphe, die dem Heros hülfreiche Hand leistet. So viel von den Metopen.

Ehe wir den Abschnitt über die Skulpturen, welche die beiden Giebelfelder und die Metopen schmückten, schließen, mögen noch zwei auf diese Kunstwerke bezügliche Fragen in aller Kürze berührt sein. Wann sind, so fragen wir zuerst, dieselben entstanden? und dann: auf welche Künstler sind sie zurückzuführen? Nach der Angabe des Pausanias war der Ostgiebel eine Schöpfung des Paionios (Παιώνιος) aus Mende (Μένδη) in Thrakien.[1]) Der

---

[1]) Pausan. V, 10, 8: Τὰ μὲν δὴ ἔμπροσθεν (vorn d. h. auf der Ostseite) ἐν τοῖς ἀετοῖς ἐστι Παιωνίου, γένος ἐκ Μένδης τῆς Θρᾳκίας.

genannte Künstler war uns früher nur dem Namen nach bekannt, allein durch ein anderes hervorragendes Werk, das ebenfalls den Ausgrabungen in Olympia zu verdanken ist, die später noch zu besprechende Nikestatue, können wir uns über ihn und seine Bedeutung nunmehr ein Urteil bilden. Es springt nun bei einem Vergleiche dieser wegen ihrer hohen Vollendung ausgezeichneten Figur (siehe Abbildung S. 57) mit den Skulpturen des Ostgiebels beim ersten Blick in die Augen, daß ein auffallender Unterschied sich bemerkbar macht: dort eine Kühnheit in der Auffassung und eine Meisterschaft in der Ausführung, welche mit Recht die größte Bewunderung hervorruft, hier bei manchen anerkennenswerten Schönheiten in der Darstellung des Körpers doch noch vieles, was an die archaische Zeit erinnert, namentlich die Bildung der Gesichtszüge und die Behandlung der Gewänder. Wollen wir nicht annehmen, daß Paionios in seinen Leistungen im Laufe der Jahre eine völlige Umwandlung durchgemacht hat, so werden wir berechtigt sein, in die Angabe des Pausanias, der ja auch sonst von Irrtümern nicht frei ist, Zweifel zu setzen. Es ist auch sehr wohl möglich, daß die Fremdenführer in Olympia, die sogenannten Exegeten, ihm eine falsche Angabe gemacht haben. Wir wollen uns schließlich vergegenwärtigen, daß zwischen der Zeit, in welcher die Kunstwerke entstanden, und der Zeit, in der Pausanias die Stätte besuchte, ein Zeitraum von ungefähr 600 Jahren liegt; mithin ist es nicht ausgeschlossen, daß der richtige Name des Künstlers allmählich dem Gedächtnis entschwunden war, und man Paionios, der durch seine Nikestatue in Olympia bekannt war, dafür einsetzte.

Die gleiche Schwierigkeit tritt uns entgegen bei dem Künstler der Skulpturen im westlichen Giebel. Hier hatten die Erklärer dem Pausanias den Athener Alkamenes (Ἀλκαμένης), einen Schüler des Phidias, genannt.[1]) Ihn als den Schöpfer des Werkes anzusehen verbietet aber die Chronologie. Wir wissen, daß dieser Künstler noch nach dem Jahre 403 thätig war; es läßt sich also wohl kaum annehmen, daß er im Jahre 456, in welchem der Zeustempel vollendet wurde, schon als Künstler bei der Ausschmückung desselben in hervorragender Weise

---

[1]) Pausan. V, 10, 8: Τὰ δὲ ὀπίσθεν αὐτῶν Ἀλκαμένους, ἀνδρὸς ἡλικίαν κατὰ Φειδίαν.

beteiligt war. Und wenn Gelehrte, um diesen Widerspruch zu beseitigen, angenommen haben, daß man zwei Künstler mit dem Namen Alkamenes unterscheiden müsse, einen älteren, der aus Lemnos gebürtig gewesen sei und die Giebelskulpturen gearbeitet habe, und einen jüngeren der Stadt Athen angehörenden Künstler, der Schüler des Phidias geworden sei, so ist darin nur ein Notbehelf zu sehen, um aus der Schwierigkeit herauszukommen. Es wird also nach der Lage der Dinge wohl ratsamer sein, auf die Beantwortung der Frage, welchen Künstlern wir die Skulpturen verdanken, vorerst zu verzichten, als die Angaben des Pausanias als unumstößlich richtig anzunehmen. Der Charakter der Skulpturen in den Giebelfeldern und in den Metopen weist darauf hin, daß sie vor den Bildwerken entstanden sind, mit denen der Parthenon auf der Akropolis zu Athen geschmückt war. Sie zeigen in der Behandlung des Körpers sowie in der Gruppierung einen bemerkenswerten Fortschritt im Vergleich zu den Giebelfeldern des Tempels von Ägina, aber in der Bildung des Gesichtsausdrucks und in der Anordnung der Gewandfalten stehen sie gegen die Arbeiten des Phidias entschieden zurück. Es ist, wenn auch einzelnes in der Darstellung, ganz besonders in den kampfbewegten Gruppen, meisterhaft ausgeführt ist, noch vielfach ein Ringen nach Vollendung bemerkbar. Die in Olympia gefundenen Skulpturen des Zeustempels haben uns den Blick in eine Periode eröffnet, in der man anfing, sich freier und kühner auf dem Gebiete der Plastik zu bewegen, und der idealen Höhe, die diese Kunst unter und durch Phidias erreichte, in rührigem Schaffen zustrebte.

Fragen wir zum Schluß, ob auch die Farben Verwendung gefunden haben, um die Wirkung der plastischen Figuren zu erhöhen, so müssen wir diese Frage entschieden bejahen. Spuren der Bemalung haben sich noch an einzelnen Stellen nachweisen lassen; so ist z. B. der Untergrund der oben erwähnten Stiermetope dunkelblau gewesen, während der Stier selbst mit braunroter Farbe bemalt war. Auch bei den Giebelfeldern, wie z. B. bei der Chlamys des Apollo, haben sich Überreste von Farbe entdecken lassen; namentlich läßt sich mit Bestimmtheit annehmen, daß die Haarpartien, die eine ziemlich oberflächliche Behandlung erfahren haben, durch das Auftragen von Farbe in ihrer Wirkung gehoben worden sind. Daß endlich auch die einzelnen Teile des

Gebäudes selbst, die Säulenschäfte und Wände, die Triglyphen
u. a. mit einem Überzug von Farbe versehen gewesen sind, läßt
sich nach anderen Beispielen als gewiß voraussetzen. Für uns
hat eine derartige Verwendung der Malerei etwas Fremdartiges.
Um dafür das nötige Verständnis zu gewinnen, müssen wir
uns gegenwärtig halten, daß die Farben bei der klaren, durch-
sichtigen Luft Griechenlands eine ganz andere Wirkung hervor-
rufen mußten, als es bei unsern klimatischen Verhältnissen überhaupt der Fall sein kann. Übrigens sei bei dieser Gelegenheit
darauf hingewiesen, daß auch von unsern plastischen Künstlern in
neuerer Zeit in Anlehnung an die Antike die Farbe in maß-
vollem Umfange öfters mit Erfolg angewendet ist.

Wie sehr auch der Tempel schon durch seinen künstlerischen
Schmuck auf den Außenseiten die Beschauer, die nach Olympia
von allen Seiten zusammenströmten, mit Bewunderung erfüllen
mochte, den größten Anziehungspunkt bildete doch die in der
Cella des Heiligtums aufgestellte, 40 Fuß hohe Statue des
Zeus, das bedeutendste Werk von Phidias. Sie gehörte der
chryselefantinen Kunst an, d. h. die Materialien, aus denen
sie geschaffen war, waren Gold und Elfenbein. Die hoch-
gepriesene, in Prosa und Poesie vielgefeierte Statue ist, wie schon
oben erwähnt wurde, völlig zu Grunde gegangen, und die Nachbildungen, wie sie sich auf elischen Münzen finden, sind so
dürftig, daß es nicht wohl möglich ist, sich danach eine Vorstellung
von dem Original zu machen. Wir sind dazu um so weniger
imstande, als die ganze Goldelfenbeinkunst für uns etwas
Fremdartiges hat, und wir mit der dabei angewandten Technik
ziemlich unbekannt sind. Es läßt sich aber von vornherein
annehmen, daß der Künstler es in meisterhafter Weise verstanden
hat, den schroffen Gegensatz zwischen Gold und Elfenbein durch
Verwendung von Farben und Auftragen von Emaille zu mildern
und durch seine Schöpfung einen Gesamteindruck hervorzurufen,
der auf die andächtige Menge überwältigend wirkte. Auf die
viel umstrittene Frage näher einzugehen, wann Phidias seine
Zeusstatue für den Tempel in Olympia geschaffen hat, ist hier
nicht der Ort; die Wahrscheinlichkeit spricht dafür, daß die Statue
bald nach der Vollendung des Baus, also um 450 v. Chr., an
ihrem Platze aufgestellt und feierlich geweiht wurde. Pausanias,

der das Bild an Ort und Stelle selbst gesehen hat, berichtet darüber
folgendes: „Der aus Gold und Elfenbein gebildete Gott sitzt auf
einem Thron, das Haupt von einem goldenen Olivenkranz um=
schlossen. Auf der rechten Hand hält er eine ebenfalls aus Gold
und Elfenbein verfertigte Nike. Diese hat in den Händen eine
Binde und im Haar einen Kranz. Die linke Hand des Gottes
stützt sich auf ein mit verschiedenen Metallen beschlagenes Scepter;
auf dem Scepter sitzt ein Adler. Die Schuhe des Gottes sind
von Gold, ebenso sein Mantel, auf dem Figuren und Lilien=

Münzen von Elis mit dem Zeus des Phidias.

blüten dargestellt sind."¹) Mit diesen Angaben stimmen die uns
erhaltenen elischen Münzen überein, die aus der Zeit Hadrians
(117 bis 138 nach Chr.) stammen, so daß wir sie immerhin als
Notbehelf heranziehen können. (Siehe obenstehende Abbildung.) Auf
einigen derselben ist Jupiter auf dem Throne sitzend dargestellt,
wie er in der Linken das Scepter hält und auf der Rechten die
Nike trägt. Wir können also nur im allgemeinen erkennen, in
welcher Stellung der Künstler den Götterkönig zur Anschauung

---

¹) Pausan. V, 11, 1: Καθέζεται μὲν δὴ ὁ θεὸς ἐν θρόνῳ χρυσοῦ
πεποιημένος καὶ ἐλέφαντος· στέφανος δὲ ἐπίκειται οἱ τῇ κεφαλῇ μεμιμη-
μένος ἐλαίας κλῶνας. Ἐν μὲν δὴ τῇ δεξιᾷ φέρει Νίκην ἐξ ἐλέφαντος
καὶ ταύτην καὶ χρυσοῦ, ταινίαν τε ἔχουσαν καὶ ἐπὶ τῇ κεφαλῇ στέφανον.
Τῇ δὲ ἀριστερᾷ τοῦ θεοῦ χειρὶ ἔνεστι σκῆπτρον μετάλλοις τοῖς πᾶσιν
διηνθισμένον. Ὁ δὲ ὄρνις ὁ ἐπὶ τῷ σκήπτρῳ καθήμενός ἐστιν ὁ
ἀετός. Χρυσοῦ δὲ καὶ τὰ ὑποδήματα τῷ θεῷ καὶ ἱμάτιον ὡσαύτως
ἐστί· τῷ δὲ ἱματίῳ ζῴδιά τε καὶ τῶν ἀνθῶν τὰ κρίνα ἐστὶν ἐμ-
πεποιημένα.

gebracht hatte. Nichts aber können wir daraus entnehmen über den reichen Schmuck des Thrones, der nach dem Bericht des Pausanias mit Darstellungen aus der Mythologie auf das reichste geziert war, oder der Basis desselben, welche neben künstlerischen Darstellungen auch die Inschrift mit dem Namen des Schöpfers trug. Eine schätzenswerte Ergänzung bilden elische Münzen, auf denen nur das Haupt des Gottes geprägt ist. (Siehe umstehende Abbildung.) Dasselbe ist etwas nach vorn geneigt; das mit einem Olivenkranz geschmückte Haupthaar fällt, das Ohr freilassend, in schlichten Locken auf Nacken und Schultern herab. Durch die etwas hervortretende Stirn, die starken Augenbrauen und den die untere Hälfte des Gesichts bedeckenden Vollbart erhält das Gesicht einen hoheitsvollen und energischen Ausdruck. Was die Bildung des Gesichts anbelangt, so soll Phidias der Sage nach bei derselben die bekannten Verse aus Homers Ilias[1]) im Sinn gehabt haben, in denen von dem höchsten Gotte, als er der Thetis seine Hülfe für ihren schwer gekränkten Sohn verspricht, folgendes gesagt wird:

„Sprach's der Kronide und winkte Gewähr mit den dunkelen Brauen,
Und die ambrosischen Locken des Königs walleten vorwärts
Von dem unsterblichen Haupt. Es erbebt' der gewalt'ge Olympus."

Ob aber diese Überlieferung auf Wahrheit beruht, erscheint ziemlich zweifelhaft; es wird wenigstens von den Schriftstellern, die dieser Statue Erwähnung thun, besonders hervorgehoben, daß Güte und Milde in den Gesichtszügen des Göttervaters ausgeprägt waren, und diese Angabe läßt sich mit den Worten des Dichters nicht recht in Einklang bringen. Dio Chrysostomus,[2]) der dem ersten Jahrhunderte nach Christi Geburt angehört, schreibt über das Götterbild des Phidias: „Der unglücklichste Mensch vergißt beim Anblick der Statue all seine Leiden: so viel Licht und so viel Güte hat der Künstler in die Züge des Gottes

---

[1]) Hom. Il. I, 528 ff.:
Ἦ καὶ κυανέῃσιν ἐπ' ὀφρύσι νεῦσε Κρονίων.
ἀμβρόσιαι δ' ἄρα χαῖται ἐπερρώσαντο ἄνακτος
κρατὸς ἀπ' ἀθανάτοιο· μέγαν δ' ἐλέλιξεν Ὄλυμπον.

[2]) Dio Chrysost. orat. XII: Δοκεῖ (ὁ ἄνθρωπος) μοι κατ' ἐναντίον στὰς τῆσδε τῆς εἰκόνος ἐκλαθέσθαι πάντων, ὅσα ἐν ἀνθρωπίνῳ βίῳ δεινὰ καὶ χαλεπὰ γίγνεται παθεῖν. Τοσοῦτον πως καὶ τοσαύτη χάρις ἔπεστιν ἀπὸ τῆς τέχνης.

gelegt." Und Epiktet, ein stoischer Philosoph, der gleichfalls im ersten Jahrhundert nach Christi Geburt lebte, sagt begeistert: „Gehet nach Olympia, um das Werk des Phidias zu schauen, und ein jeder von euch hält es für ein Unglück zu sterben, ohne diesen Anblick genossen zu haben."[1]) Daß es also ein Werk von wunderbarer Schönheit und Erhabenheit gewesen sein muß, können wir aus solchen Worten unumschränkter Anerkennung herauslesen; es ist zugleich als gewiß anzusehn, daß das Ideal des obersten Gottes, wie es Phidias für Olympia geschaffen, für alle späteren Künstler mustergültig geblieben ist. Als eine, wenn auch ziemlich auffallende Umbildung jenes Zeustypus haben wir ohne Zweifel auch die sogenannte Zeusbüste von Otricoli anzusehn, die am Ende des vorigen Jahrhunderts unter Pius VI. in dem nördlich von Rom gelegenen Otricoli gefunden wurde und sich jetzt in der Sala rotonda des Vatikans befindet. (S. nebenstehende Abbildung.)

Wenn auch dieses Werk, dessen Künstler uns unbekannt ist, min-

Zeusbüste von Otricoli.

---

[1]) Epict. dissertat. I, 6, 23: Ἥκετε εἰς Ὀλυμπίαν, ἵν᾽ ἴδητε τὸ ἔργον τοῦ Φειδίου, καὶ ἀτύχημα ἕκαστος ὑμῶν οἴεται τὸ ἀνιστόρητος τούτων ἀποθανεῖν.

destens hundert Jahre nach der Zeit des Phidias entstanden ist, ja vielleicht erst in der Zeit Alexanders des Großen, so verdient es doch als die schönste und edelste Darstellung des Götterkönigs, die wir aus dem Altertum haben, volle Bewunderung: die langen, wellenförmig herabwallenden Locken, die stark hervortretende hohe Stirn, die vollen Augenbrauen und der kräftige Bart, der die untere Hälfte des Gesichts umrahmt, — alles dies giebt der Büste den Charakter des Hoheitsvollen und Energischen, während die halbgeöffneten Lippen dem Gesichte eine gewisse Milde verleihen. Wir erkennen sofort, daß wir in dem Kunstwerke den obersten der Götter vor uns sehen, obgleich kein besonderes Attribut ihn als solchen kennzeichnet. —

Ehe wir die heilige Stätte von Olympia verlassen, besprechen wir noch ein Kunstwerk, das zu den schönsten Errungenschaften der dortigen Ausgrabungen gehört und auch schon früher eine kurze Erwähnung gefunden hat: die Nike des Paionios aus Mende (siehe nebenstehende Abbildung), die in ihren Hauptbestandteilen am 21. Dezember 1875 ans Tageslicht gefördert wurde.

Diese Siegesgöttin hatte ihren Standpunkt in der Nähe des Zeustempels, und zwar auf der Ostseite desselben. Sie erhob sich auf einem 6—7 m hohen, dreiseitigen und sich nach oben verjüngenden Postament,[1]) so daß sie weithin sichtbar war. Auch von diesem sind Bruchstücke gefunden worden, und ganz besonderes Interesse hat ein dazu gehöriges Fragment, das folgende Inschrift hat: „Messenier und Naupaktier haben (dieses Werk) dem olympischen Zeus als Zehnten von der feindlichen Kriegsbeute geweiht. Paionios aus Mende hat es gearbeitet, der auch den Sieg davon trug, als er den Firstschmuck für den Tempel verfertigte.[2])

---

[1]) Pausanias V, 26, 1 bezeichnet das Postament als κίων.

[2]) Μεσσάνιοι καὶ Ναυπάκτιοι ἀνέθεν | Διὶ Ὀλυμπίῳ δεκάταν ἀπὸ τῶν πολεμίων. | Παιώνιος ἐποίησε Μενδαῖος | καὶ τἀκρωτήρια ποιῶν ἐπὶ τὸν ναὸν ἐνίκα. Man hat die Worte τἀκρωτήρια auf die östliche Giebelgruppe beziehen wollen, um dieselbe dem Paionios (s. o.) zuzuweisen, aber der Ausdruck bedeutet nichts weiter als Firstschmuck; es sind damit also wahrscheinlich die Nike und die vergoldeten Dreifüße gemeint, welche die Spitze und die beiden Ecken des Ostgiebels zierten und vielleicht erst geraume Zeit nach Vollendung des Tempels aufgestellt wurden.

Die Inschrift nennt uns also nicht nur den Namen und die Heimat des Künstlers, sondern giebt uns zugleich eine Notiz über die Zeit, in der das Kunstwerk auf Veranlassung der Messenier

Nike des Paionios.

und Naupaktier gearbeitet wurde. Auch von Pausanias wird dasselbe erwähnt; er hat bei seiner Anwesenheit in Olympia die Inschrift offenbar selbst gelesen. Im Gegensatz zu den Messeniern selbst, die als Veranlassung des Weihgeschenks den von ihnen

Vorfahren im Bunde mit den Athenern über die Spartaner im Jahre 424 v. Chr. bei Sphakteria erfochtenen Sieg ansahen, war er der Ansicht zugeneigt, daß die Kriegsbeute, aus der die Kosten des Kunstwerks bestritten wurden, auf einem im Jahre 452 v. Chr. von den Messeniern und Naupaktiern gegen die Akarnaner und die Ciniaden (Bewohner der kleinen Festung Cinia in Akarnanien) siegreich geführten Feldzug gewonnen wurde. Die Annahme des Pausanias aber hat wenig für sich: der Feldzug, der von den griechischen Geschichtschreibern nicht weiter erwähnt wird, ist an und für sich viel zu unbedeutend, während der Sieg bei Sphakteria ein empfindlicher Schlag für die Lacedämonier war und den Siegern eine reiche Beute brachte. Übrigens paßt auch das Werk, das im Vergleich zu den Giebelfeldern des Zeustempels einen gewaltigen Fortschritt bekundet, viel besser in die Zeit um 424, in welcher sich bereits die Einwirkungen des Phidias auf dem Gebiete der bildenden Kunst geltend machten, und diese einen hohen Aufschwung genommen hatte.

Auch in den Trümmern, die uns erhalten sind, erkennen wir auf das deutlichste, daß der Künstler eine wahrlich nicht leichte Aufgabe in meisterhafter Weise gelöst hat. Es ist zu bedauern, daß uns die vordere Seite des Kopfes und die Arme nicht erhalten sind; namentlich das Fehlen der letzteren erschwert nicht unwesentlich die Rekonstruktion des Ganzen. Folgendes aber vermögen wir auch aus den Fragmenten deutlich zu erkennen: der Künstler hat die Siegesgöttin dargestellt, wie sie als Botin des Zeus in schnellem Fluge vom Himmel zur Erde herniederschwebt. Das lange Gewand hat sich eng um den Körper gelegt und läßt die Formen desselben, ganz besonders das linke Bein, klar hervortreten; die etwas nach rechts geneigte Haltung des Körpers und das vorgestreckte linke Bein deuten darauf hin, daß die Göttin bemüht ist, den Erdboden zu gewinnen, damit sie die Siegesbotschaft verkündige. In bewundernswerter Weise hat es der Künstler verstanden, die Illusion bei dem Beschauer hervorzurufen, daß die Göttin in den Lüften schwebt, und zwar dadurch, daß er vor ihren Füßen einen Adler, den Vogel des Zeus, herfliegen läßt und damit die Stelle, an der sie fest aufsteht, in geschickter Weise verdeckt. „Die Siegesgöttin," sagt Ernst Curtius, „ist ein Triumph attischer Marmorbildnerei. Die träge Masse des Steins scheint vernichtet, wenn wir die Göttin mit ihren mächtigen Schwingen vom Olympe niederschweben sehen." Nahm man ursprünglich an, daß die Göttin in dem erhobenen linken Arme einen Siegeskranz gehalten habe, so neigt man sich jetzt, und zwar auf Grund neuerer Funde, der Ansicht zu, daß sie mit der erhobenen linken und der herabhängenden rechten Hand einen Mantel gehalten habe, der sich durch den starken Luftzug wie ein Segel aufblähte. War dieser weite Mantel, wie wir zu glauben wohl berechtigt sind, mit einer dunkeln Farbe überzogen, so bildete er einen vortrefflichen Hintergrund, auf dem sich der jugendlich-schön gebildete Körper der Göttin in überaus gefälliger Form abhob. Dabei läßt sich allerdings nicht verkennen, daß der Eindruck des Kunstwerks nicht wenig abgeschwächt wird, wenn man dasselbe in gleicher Höhe und von der Seite aus betrachtet; um seine volle Schönheit zu genießen, muß der Beschauer die Figur sich auf einem hohen Postament denken und die Vorderansicht nehmen, und das ist auch ohne Zweifel die Absicht des Künstlers gewesen, als er sein Werk schuf.[1])

Daß das malerische Moment stark hervortritt, läßt sich nicht in Abrede stellen; mögen aber auch dem Werke einige Mängel anhaften, die vielleicht darauf zurückzuführen sind, daß der Künstler eine von ihm ursprünglich in Bronze geschaffene Nike in Marmor nachbildete, so haben wir doch Grund, uns darüber zu freuen, daß ein so hervorragendes Erzeugnis der plastischen Kunst durch die Ausgrabungen wieder zu Tage gefördert und die Bedeutung eines Künstlers erkannt worden ist, von dem wir nur den Namen kannten. Overbeck faßt sein Urteil über das Kunstwerk in seiner Geschichte der griechischen Plastik[2]) in die Worte zusammen: „Die Nike macht bei ihrer Betrachtung im Ganzen, hauptsächlich aber wiederum in der Vorderansicht und bei hinlänglich hoher Aufstellung einen starken und schönen Eindruck einer Bewegung voll Schwung und Freudigkeit, lebhaft genug, um uns an den teilnahmevollen Eifer der himmlischen Botin an ihrer frohen Botschaft glauben zu lassen, und dennoch gehalten genug, um, im Gegensatz zu Überhastung und Taumel,

---

[1]) An die Nike des Paionios erinnert eine Statuette von ungefähr ½ Meter Höhe aus Terracotta, welche sich im Antiquarium in München befindet. Sie trägt aber in der linken erhobenen Hand den Siegeskranz, in der am Körper herabhängenden rechten die Palme.

[2]) Bd. I, S. 547.

die Feierlichkeit zu bewahren, die der Abgesandten des höchsten Gottes in einer ernsten Entscheidung gerade so gut ziemt und gebührt, wie etwa den christlichen Engeln der Verkündigung." Die Wahrheit des Gesagten wird auch der Laie empfinden, seitdem der Bildhauer R. Grüttner in überaus dankenswerter Weise versucht hat, die Figur mit künstlerischer Hand zu ergänzen. (Siehe die Abbildung auf S. 57.)

Wir verlassen nunmehr die Altis, nachdem wir die wichtigsten Bauten derselben uns vorgeführt und die bedeutendsten Skulpturen, die wir den Ausgrabungen verdanken, einer kurzen Betrachtung unterzogen haben. Müssen wir es auch als einen besondern Glücksumstand ansehen, daß unter letzteren uns in dem Hermes des Praxiteles und der Nike des Paionios zwei Werke von hervorragendem Werte wiedergeschenkt worden sind, und müssen wir auch dankbar dafür sein, daß gerade von den Gruppen in den Giebelfeldern des hochberühmten Zeustempels uns genug Überreste erhalten sind, um eine Ergänzung derselben zu ermöglichen und uns damit eine klare Vorstellung von der ursprünglichen Komposition zu geben, so haben wir doch auf der andern Seite Grund, den Verlust so vieler Kunstwerke, die einstmals auf der heiligen Stätte ihre Aufstellung gefunden hatten, aufs tiefste zu beklagen. Was Olympia einst an Kunstschätzen aller Art in sich vereinigt hat, davon können wir uns nach den Trümmern, die an das Tageslicht geschafft worden sind, kaum einen rechten Begriff machen. Der heilige Ort war gewissermaßen ein großes Museum, in dem die mannigfachsten Kunstwerke teils in den Heiligtümern und Schatzhäusern aufbewahrt wurden, teils unter freiem Himmel sich dem Auge des Beschauers darboten. Eine große Anzahl von Götterstatuen, unter denen die des Zeus besonders häufig wiederkehrte, sowie ganze Reihen von Athletenbildsäulen, die von den Siegern an dem denkwürdigen Orte errichtet wurden, wo sie den Preis davon getragen hatten, — Pausanias führt deren noch 230 auf —, alles dies gab dem Festplatz einen ganz eigenartigen Schmuck und entzückte in gleichem Grade das Auge des kunstsinnigen Laien, wie es auf die Schaffensfreudigkeit des Künstlers anregend und befruchtend wirkte. So bot Olympia auch in den Jahren, in welchen keine Spiele abgehalten wurden, dem Besucher eine Fülle von Anschauungen mannigfachster Art;

wir können deshalb wohl annehmen, daß es auch zur Zeit der Festruhe von den wanderlustigen Griechen viel aufgesucht worden ist. Aber in verstärktem Maße übte der heilige Ort seine Anziehungskraft auf das hellenische Volk aus, wenn mit dem Beginn einer neuen Olympiade aus allen Ländern die Angehörigen eines durch Sprache, Religion und Sitte geeinten Volks dorthin zusammenströmten, um entweder als Kämpfer um den Ehrenpreis zu ringen oder als Zuschauer den Festspielen beizuwohnen. Wie aber der Verlauf der Feier war, und an welchen Kampfarten sich das hellenische Volk erfreute, wollen wir im folgenden Kapitel näher betrachten.

Drittes Kapitel.

Erst allmählich haben sich die olympischen Spiele zu einer großen Mannigfaltigkeit entwickelt und damit immer weitere Kreise zur Teilnahme herbeigezogen. Ursprünglich begnügte man sich mit dem einfachen Lauf im Stadion, d. h. der an der Ostseite der Altis in nordöstlicher Richtung sich hinziehenden Rennbahn, die eine Länge von ca. 192 m hatte. Die Erreichung des Zieles auf der an und für sich nicht langen Strecke wurde dadurch erschwert, daß die Läufer nicht harten Boden unter sich hatten, sondern durch weichen und tiefen Sand sich durcharbeiten mußten.

Welch hoher Wert schon in den ältesten Zeiten auf diese Übung gelegt wurde, darüber belehren uns am besten die homerischen Gedichte. Achilles heißt in der Iliade der schnellfüßige ($πόδας ὠκύς$); er übertrifft darin alle andern Helden im Heere der Griechen. Den zweiten Platz nach ihm nimmt Ajax aus Lokris ein, der Sohn des Oïleus ($Ὀïλῆος ταχὺς Αἴας$); dieser tritt mit Odysseus und Antilochus, dem Sohne Nestors, zu dem zu Ehren des gefallenen Patroklus von Achilles veranstalteten Wettlauf[1]) an, den uns der Dichter höchst anschaulich schildert. Ajax unterliegt bei dieser Gelegenheit, da Athene ihrem Schützling Odysseus den Sieg verschafft, indem sie jenen kurz vor der Erreichung des Zieles ausgleiten läßt.

Die Veranstaltung eines solchen Wettspiels erforderte nur

---

[1]) Hom. Il. XXIII, 740 ff.

einen ebenen Raum von genügender Länge und ein erhöhtes Terrain für die Zuschauer. In Olympia boten auf der Nordseite des Stadiums die Ausläufer des Kronoshügels hierfür eine günstige Stelle; auf der andern Seite konnte durch eine Dammaufschüttung leicht der nötige Raum für die Menge der Zuschauer hergestellt werden. Nicht alle Läufer traten gleichzeitig zum Wettlauf an, sondern in Abteilungen zu je vier, die durch das Los bestimmt wurden, begannen sie den Kampf, und die jedesmaligen Sieger suchten sich bei einem neuen Versuche gegenseitig zu übertreffen. Wer bei dem letzten Wettlauf zuerst an das Ziel kam, wurde als Stadionikes ausgerufen.

Hat der einfache Wettlauf auch für die Folgezeit insofern eine gewisse Bedeutung behalten, als die Olympiade nach dem Sieger in diesem Kampfe benannt wurde, so wurde doch diese Übung bald durch andere Spiele ergänzt und so allmählich mehr und mehr in den Schatten gestellt. In der fünfzehnten Olympiade, d. h. im Jahre 724 v. Chr., kam der **Doppellauf** (ὁ δίαυλος) hinzu; jeder Läufer hatte dabei auch noch den Weg von dem erreichten Ziele bis zum Ausgangspunkte im Laufschritt zurückzulegen. Und vier Jahr später wurde bereits der **Dauerlauf** (ὁ δόλιχος) eingeführt, bei dem, wie es scheint, eine zwölfmalige Umkreisung der Bahn von den Wettläufern verlangt wurde, mithin die ansehnliche Leistung, mehr als 4½ Kilometer im Laufschritt zu durchmessen. Eine Erweiterung dieser Spiele fand seit der fünfundsechzigsten Olympiade noch dadurch statt, daß der **Wettlauf in Waffen** (ὁπλίτης δρόμος) eingeführt wurde: die Kämpfer trugen Schild, Helm und Beinharnisch, später nur den Schild.

Hatte bis dahin in den Übungen eine gewisse Einförmigkeit geherrscht, welche die körperliche Geschicklichkeit und Kraft nicht nach allen Seiten hin zur Geltung kommen ließ, so war die Bedingung zu einer viel reicheren Entfaltung dieser Fähigkeiten gegeben, als von der achtzehnten Olympiade an (708 v. Chr.) der **Fünfkampf**, das sogenannte **Pentathlon** (τὸ πένταθλον) eingeführt und von dieser Zeit ab außer dem Wettlauf auch noch das **Springen** (τὸ ἅλμα), das **Diskoswerfen** (ἡ δισκοβολία), das **Speerwerfen** (ὁ ἀκοντισμός) und der **Ringkampf** (ἡ πάλη) geübt wurde.[1])

---

[1]) Simonides faßte die fünf Kampfarten in dem Pentameter zusammen: ἅλμα, ποδωκείην, δίσκον, ἄκοντα, πάλην.

Zwanzig Jahr später (688 v. Chr.) wurde auch der Faust=
kampf (ἡ πυγμή) in die Zahl der Wettkämpfe eingereiht.

Unter den genannten Übungen nahm der Sprung eine
hervorragende Stellung ein. Während in den Gymnasien Hoch=,
Weit= und Tiefsprung geübt wurde, fand bei den olympischen
Spielen nur ein Wettbewerb im Weitsprung statt. Für das Ab=
springen war eine besondere Einrichtung getroffen, die wir
mit unserm Sprungbrett vergleichen können; man nannte dieselbe
ὁ βατήρ. An der Stelle, an welcher der Springende die Erde
wieder berührte, wurde der Boden mit einer Spitzhacke gelockert;
es wurde Wert darauf gelegt, daß der Absprung fest und sicher
erfolgte und jedes Straucheln vermieden wurde. Dabei galt es
als eine ganz besondere Leistung, noch über das aufgegrabene
Erdreich hinauszuspringen; man pflegte deshalb wohl von einem,
der eine ganz außergewöhnliche That vollbracht hatte, sprich=
wörtlich zu sagen: „Er ist über das Aufgegrabene hinaus=
gesprungen."[1]) Daß sich die Griechen bei dem Weitsprunge einer
Stange bedient haben sollten, ist nicht wahrscheinlich: abgesehn
davon, daß die Vasenbilder, die uns sonst manche Aufklärung
über derartige Fragen geben, hierauf nicht hinweisen, wird dies
auch dadurch unwahrscheinlich, daß die Springer schon einen
andern Gegenstand in beiden Händen trugen, welcher dazu diente,
die Wucht des Sprunges zu steigern und das Durchmessen eines
größeren Raumes zu ermöglichen. Es sind dies schwere Metall=
stücke (die sogenannten ἀλτῆρες), die wir mit den bei uns
üblichen Hanteln vergleichen können. Man benutzte dazu auch
wohl Steine, die eine für diesen Zweck geeignete Form hatten.
Es haben sich wenigstens bei den Ausgrabungen einige Steine
gefunden, die dafür sehr wohl gedient haben können; einer der=
selben trägt einen Namen, der vermutlich auf den ehemaligen
Besitzer hinweist.

Es kam darauf an, diese Hanteln beim Anlauf mit vor=
gestrecktem Unterarm zu halten, sie kurz vor dem Absprung
etwas sinken zu lassen, beim letzten Schritt kräftig nach vorn
zu werfen und schließlich beim Berühren des Erdbodens mit
Wucht nach hinten zu schleudern. Versuche, die in neuster Zeit
mit der Benutzung der Hanteln beim Sprunge vorgenommen
sind, haben erwiesen, daß durch dieses Mittel thatsächlich eine

---

[1]) πηδᾶν ὑπὲρ τὰ ἐσκαμμένα.

größere Weite des Sprunges erreicht wird. Das Springen wurde übrigens nicht als selbständige Übung vorgeführt, sondern war nur ein Teil des Pentathlons; wie hoch es aber in der Wertschätzung stand, ersehn wir daraus, daß die Sieger im Pentathlon sich mit diesen Hanteln als Sieger darstellen ließen.

Das Werfen mit dem Diskus, einer runden Scheibe aus Erz,¹) hat sich erst allmählich entwickelt; ursprünglich begnügte man sich mit Feldsteinen, die für die Übung im Weitwerfen eine geeignete Form hatten. Es wird in Olympia in der ersten Zeit nicht anders gewesen sein als bei dem Wettkampf, zu dem Odysseus während seiner Anwesenheit im Lande der Phäaken aufgefordert wird, und in dem er den Sieg davon trägt: auch hier dient als Wurfgeschoß ein Stein.²) Die Stellung, die der Werfende beim Antreten zu diesem Wettkampfe sowie in dem Momente des Werfens einnahm, war überaus anmutig; diese Akte darzustellen hatte darum für die plastischen Künstler einen ganz besondern Reiz. Das Abwägen des Wurfes zeigt uns eine in den Sammlungen des Vatikans befindliche Statue, die der besten Zeit der griechischen Kunst angehört. Man hat sie auf ein Original des Naukydes, eines Schülers Polyklets, zurückgeführt, oder auch auf ein Werk des Alkamenes, eines Schülers des Phidias. Der Diskuswerfer hat das rechte Bein nach vorn gesetzt; seine ganze Aufmerksamkeit ist auf das Ab-

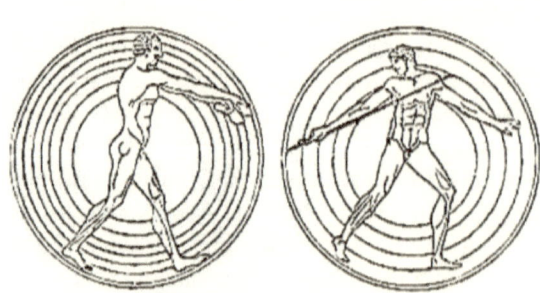

Bronzediskos aus dem Museum zu Berlin.

messen des Ziels gerichtet. Die Hand des gebogenen rechten Arms hat er bereits in die gehörige Stellung gebracht, um den

---

¹) Verschiedene Exemplare des Diskus sind uns aus dem Altertum erhalten. Das Berliner Museum besitzt ein solches Geschoß, das aus Agina stammt; auf demselben sind ein Springer und ein Speerwerfer eingraviert. Es hat 0,20 m im Durchmesser und wiegt fast 2 Kilo. (Siehe obenstehende Abbildung.)

²) Hom. Odyss. VIII, 190: μάρμαρε δὲ λίθος.

Diskus, der noch in der Hand des am Körper herabhängenden linken Armes ruht, in die Rechte zu nehmen und alsdann den Wurf selbst auszuführen. Einen hohen Ruf unter den Werken dieser Gattung hatte der Diskoswerfer (δισκοβόλος) des Myron aus Eleutherä in Böotien, der wie Phidias ein Schüler des berühmten argivischen Künstlers Ageladas war und bald nach der 80. Olympiade als Bildner in Erz eine hervorragende Stellung unter den Künstlern einnahm. Nicht wenige Nachbildungen von diesem Diskoswerfer sind uns erhalten; die beste befindet sich im Palazzo Lancelotti zu Rom. (Siehe nebenstehende Abbildung.) Über diese Statue sagt Overbeck:[1] „Sie zeigt den Diskoswerfer im Moment der höchsten Anspannung, in dem Momente, wo die Kräfte der nach

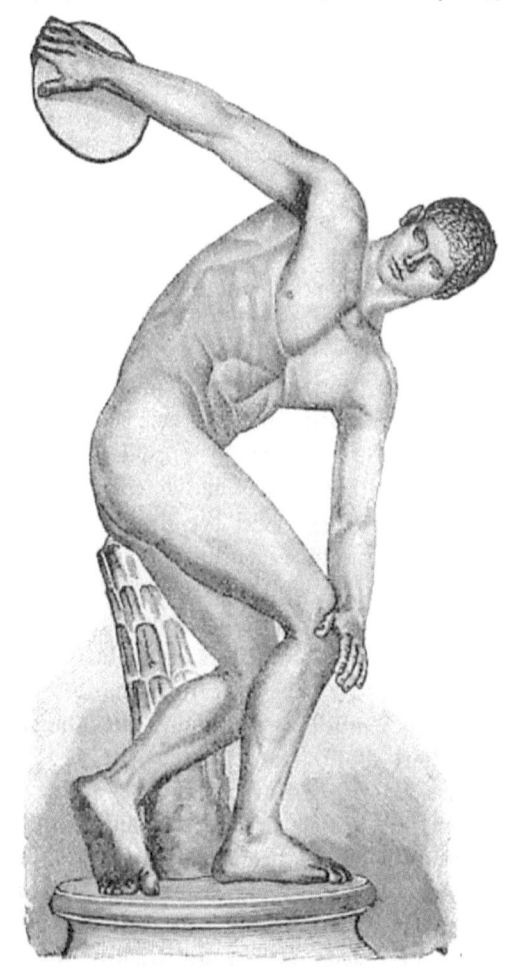

Diskobol nach Myron.

hinten geschwungenen Scheibe, andrerseits des nach vorn schwingenden Armes im schärfsten Konflikte sind, in jenem verschwindenden Augenblicke der Ruhe, der zwischen zwei entgegengesetzten

---

[1] Gesch. der griech. Plastik, I, S. 274.

Bewegungen in der Mitte liegt oder in dem eine Bewegung in die entgegengesetzte umschlägt. Diese Darstellung des prägnantesten Augenblicks, diese Darstellung des Augenblicks, in dem sich Vergangenheit und Zukunft berühren, diese Kühnheit der höchsten und äußersten Bewegung, deren der menschliche Körper in dieser Richtung fähig ist, bildet die eine Seite dessen, was unsre Bewunderung der Statue vorzüglich erregt."

Die erwähnte Figur giebt uns zugleich eine klare Vorstellung davon, in welcher Weise der Diskos geworfen wurde: in dem Momente des Werfens ruhte der Wettkämpfer auf dem rechten Fuße, während das linke gebeugte Bein nur mit den Zehenspitzen den Boden berührte, um im nächsten Augenblicke nach vorn zu schnellen und dem durch die Wucht des Wurfes fortgerissenen Körper den nötigen Stützpunkt zu gewähren. Der rechte Arm, in dessen Hand die aufrecht stehende Scheibe mit ihrem Rand ruhte, wurde zuerst mit aller Anspannung der Kräfte nach hinten geschleudert, um bei der entgegengesetzten Bewegung alsdann das Geschoß dem Ziele zufliegen zu lassen. Der Diskoswerfer stand auf einem künstlich erhöhten Orte, der sogenannten Balbis ($\dot{\eta}$ $\beta\alpha\lambda\beta\acute{\iota}\varsigma$). Bei der Ausmessung der Entfernung, welche die Scheibe zurückgelegt hatte, kam nur die Stelle in Betracht, wo sie zuerst den Boden berührt und dies durch einen Einschnitt bezeichnet hatte; das weitere Fortrollen auf dem Boden war für die Zuerkennung des Sieges belanglos.

Haben wir von dieser Gattung des Wettkampfes durch die bildlichen Darstellungen, die uns aus dem Altertum erhalten sind, eine klare Vorstellung, so sind wir über die Art und Weise, in welcher der Speerwurf, der dritte Wettkampf im Pentathlon, sich vollzog, vielfach im unklaren. Schon in der homerischen Zeit wird dieses Kampfspiel geübt, aber es hat hier einen ernsteren Charakter: die Helden sind in voller Rüstung und benutzen eine scharfe Waffe. In den olympischen Wettkämpfen dagegen gebrauchte man einen leichten, kurzen, unsern Gerstangen vergleichbaren Speer, der mit einer langen eisernen Spitze ($\tau\grave{o}$ $\mathring{\alpha}\varkappa\acute{o}\nu\tau\iota o\nu$) versehen und für den Fern- und Zielwurf gleich geeignet war. Worauf es bei diesem Wettkampf ankam, ist nicht ausgemacht. Da aber auf Abbildungen der Speerwerfer nicht selten eine kniende Stellung einnimmt und zudem schon das Werfen mit dem Diskos die Geschicklichkeit im Weitwurf in genügender

Weise zur Anschauung brachte, so möchte man sich eher dafür entscheiden, das Treffen eines bestimmten Zieles bei dieser Übung als den eigentlichen Kernpunkt anzusehen. Die Frage über die Art des Schleuderns wird nicht unwesentlich dadurch erschwert, daß sich in der Mitte des Speers eine Schleife (ἡ ἀγκύλη) aus Riemen befand. Über die Verwendung derselben sind die Gelehrten nicht recht im klaren; wir müssen wohl annehmen, daß sie dazu gedient hat, die Sicherheit beim Zielen zu erhöhen.

Die bisher betrachteten Arten des Wettkampfs waren dazu angethan, die Geschicklichkeit des einzelnen hervortreten zu lassen, und der Wettkampf selbst setzte bei jedem, der in denselben eintrat, eine lange Zeit hindurch fortgesetzte Übung voraus, aber sie stellten doch nicht an ihn die Forderung, persönlichen Mut an den Tag zu legen und während des Kampfes auch körperliche Schmerzen mit Kaltblütigkeit zu ertragen. Anders gestaltete sich die Sache im Ring- und Faustkampf; denn hier rang der Kämpfer um die Siegespalme, indem er sich mit einem gleich tüchtigen Gegner maß und alle Kraft aufbieten mußte, um ihn zu werfen. Daß dabei zuweilen eine Behandlung vorkam, die unserem Gefühl widerspricht, daß Mittel erlaubt waren, die wir als unzulässig bezeichnen, ist unbestreitbar. Die Anschauung der Hellenen war auf diesem Gebiete vielfach eine andere als die unsre. Trotz alledem werden wir aber ohne weiteres zugestehen, daß sie in dieser Hinsicht doch noch um vieles höher standen als die Römer, die an den blutigen Gladiatorenkämpfen ein Vergnügen empfanden, für welches uns jedes Verständnis fehlt. Betrachten wir zuerst den Ringkampf, der die mildere Form dieser Gattung darstellt. Ohne irgendwie durch Kleidung behindert zu sein, ging der Kämpfer auf seinen Gegner los; zuvor aber rieb er die Glieder mit Öl ein, um sie geschmeidiger zu machen, und bestreute den Körper mit Sand, um ein Entschlüpfen des Gegners zu erschweren. War das Zeichen zum Beginn des Kampfes gegeben, so galt es, eine Schwäche des Gegners mit scharfem Auge zu erspähen und ihn, wenn er seinerseits zum Angriff überging, durch eine geschickte Wendung, auf die er nicht vorbereitet war, zu täuschen und dadurch womöglich zu Fall zu bringen. Verstieß auch das Schlagen gegen die Regeln, wie sie in den Ringschulen festgesetzt waren, so war es doch erlaubt, den Gegner zu stoßen, ihm die Finger oder Zehen umzuknicken, ja sogar ihm den Hals zusammenzupressen. Man unterschied zwei Arten des Ringkampfs: bei der einen ($ἡ\ πάλη\ ὀρθή$) genügte es, wenn der Gegner dreimal zu Boden geworfen war; ein Ringen auf dem Boden selbst fand nicht weiter statt. Aufregender und

Ringergruppe aus der Tribuna in Florenz.

zugleich hitziger wurde der Kampf, wenn der am Boden liegende Kämpfer sich noch weiter der Angriffe seines Widerparts erwehren mußte; man nannte diese Art $ἡ\ ἀλίνδησις$ oder $ἡ\ κύλισις$ (d. i. das Wälzen). Hier kam es vor allem darauf an, dem Gegner ein Bein zu stellen ($ὑποσκελίζειν$) und ihn dadurch niederzuwerfen, dann aber ihn so fest zu umschlingen, daß er es als aussichtslos ansah, den Kampf fortzusetzen. An der überaus schwierigen Aufgabe, diesen Akt künstlerisch darzustellen, hat ein uns unbekannter Künstler des Altertums sich versucht; wir meinen die berühmte Ringergruppe, die in der Tribuna der Uffizien in Florenz steht. (Siehe Abbildung S. 68.) Wir sehen hier den einen Kämpfer, der von den Beinen des andern fest umschlungen ist, am Boden liegen. Er macht noch einen verzweifelten Versuch, sich mit dem linken, auf dem Boden fest aufgestemmten Arme und dem rechten Knie zu erheben, aber seine Anstrengungen sind vergeblich; dadurch, daß sein rechter Arm von der Hand des Gegners fest gepackt und mit aller Kraft in die Höhe gehalten wird, ist ihm die Möglichkeit benommen, sich zu erheben: die Entscheidung des Kampfes steht unmittelbar bevor.

Nach beendetem Ringen suchten die Kämpfer ihren mit Öl bestrichenen und mit Sand bestreuten Körper von Staub und Schmutz wieder zu befreien. Sie thaten dies, indem sie ihn abschabten (ἀποξύεσθαι). Dazu diente ein besonderes löffelartiges Instrument, das die Griechen ἡ στλεγγίς (= Schabeisen) oder auch ξυστρίς und ξύστρα nannten. Wenn wir diesen etwas untergeordneten Gegenstand hier besonders erwähnen, so thun wir dies lediglich deshalb, um auf ein berühmtes plastisches Werk hinzuweisen, das auf Lysippos aus Sicyon, den Hofbildhauer Alexanders des Großen, zurückgeführt wird und unter dem Namen „der Schaber" (ὁ ἀποξυόμενος)[1]) bekannt ist. Im Jahre 1849 wurde es in Trastevere zu Rom gefunden und den Sammlungen des Vatikans einverleibt. Es tritt uns hier die lebensvolle Figur[2]) eines schlank gebauten Jünglings, eines Athleten, entgegen, der nach beendetem Kampf mit der Striegel, die er in der linken Hand hält, den rechten nach vorn ausgestreckten Arm reinigt. (Siehe Abbildung S. 70.) Das Bronzeoriginal, das jedenfalls einen noch viel freieren Eindruck gemacht haben muß, weil die für das Marmorwerk erforderlichen Stützen dort in Wegfall kamen, ist vermutlich die Statue eines Wettkämpfers gewesen, der im Ringkampfe oder Pankration den Sieg davongetragen hatte und zur Erinnerung daran diese Ehrenbildsäule

---

[1]) Plinius erwähnt (nat. hist. 34, 62) dieses berühmte Bronzewerk des sikyonischen Erzgießers Lysippos. Er giebt die Bezeichnung des Werkes ὁ ἀποξυόμενος durch „se destringens" wieder.

[2]) Properz rühmt III, 7, 9 dem Künstler besonders nach, daß er lebensvolle Bildwerke (animosa signa) schuf.

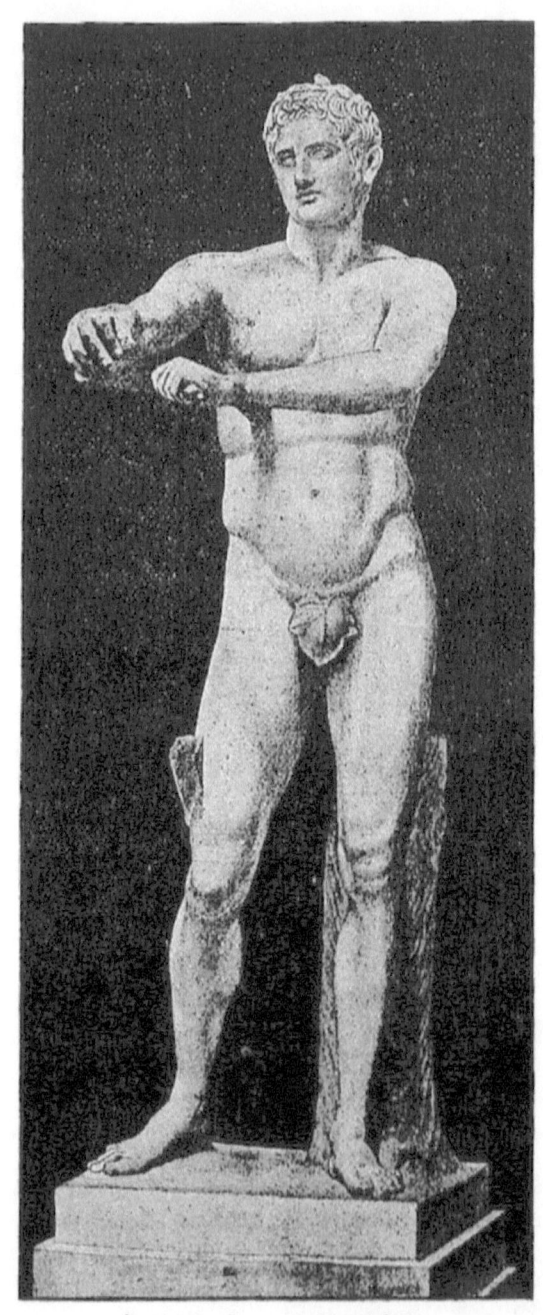

Der Schaber (Apoxyomenos), nach Lysipp.

auf einem Festplatze oder in einem Gymnasium aufstellen ließ. Wir sehen aus diesem wie dem zuvor angeführten Beispiele, welch reiche Fundgrube für plastische Darstellungen die Wettkämpfe und alles, was damit in Zusammenhang stand, den Künstlern boten, und wie diese auch scheinbar untergeordnete Dinge nicht verschmähten, um die Schönheit des menschlichen Körpers in den mannigfachsten Stellungen zur Erscheinung zu bringen.

Zu diesen fünf Kampfarten, die das Pentathlon bildeten, trat von der 23. Olympiade ab der **Faustkampf** ($\dot{\eta}$ $\pi\nu\gamma\mu\dot{\eta}$) hinzu. Für seine Würdigung fehlt es uns bei unserm feinern Gefühl heutzutage an dem nötigen Verständnis; wir suchen vergeblich uns die Frage zu beantworten, wie ein Volk, das doch sonst ein so feines ästhetisches Empfinden bekundete, an einem Zweikampf Gefallen finden konnte, der zwar eine große Geschicklichkeit zur Voraussetzung hatte, aber doch durch die Roheit, mit der er ausgeführt wurde, abstoßen mußte. War es die gewöhnliche Erscheinung, daß die Kämpfer im Gesicht, namentlich an den Augen, Ohren, Zähnen und an der Nase auf das übelste zugerichtet wurden und dadurch einen häßlichen Anblick für die Zuschauer gewährten, so kamen auch nicht selten Fälle vor, wo der eine Kämpfer den wuchtigen Schlägen des andern erlag und tot auf dem Platze blieb. Ohne im Gesicht oder am übrigen Körper irgendwie geschützt zu sein, hatten sich die Gegner lediglich mit den Armen durch eine geschickte Auslage zu decken. Traf aber ein Hieb mit der Faust, so wirkte er um so nachhaltiger, als die Hände und Unterarme mit Riemen ($\iota\mu\acute{\alpha}\nu\tau\varepsilon\varsigma$, lat. caestus) umflochten waren, die man außerdem noch mit harten Lederstreifen und mit Metallknöpfen besetzte. Eine vor wenigen Jahren in Rom gefundene Bronzestatue eines Faustkämpfers giebt uns eine klare

Faustkämpfer.

Vorstellung davon, wie derselbe seine Unterarme und Hände bewehrte. (Siehe Abbildung S. 71.) Das von vielen Hieben verschwollene Ohr von fast unkenntlicher Form, das sogenannte Pankratiastenohr, war das gewöhnliche Kennzeichen eines Faustkämpfers, und die Kunst in ihrem Streben nach Naturwahrheit verschmähte es nicht, auch an den Statuen der Sieger im Faustkampf diese Mißbildung darzustellen. Bei den Ausgrabungen in Olympia sind zwei solche Köpfe von Faustkämpfern zu Tage gefördert worden. Der eine, der allerdings stark verletzt ist, besteht aus Marmor und ist wohl als ein Idealbild anzusehn; der andere, aus Bronze gearbeitete Kopf weist so individuelle Züge auf, daß wir darin wohl ein Porträt zu erblicken haben. (S. nebenstehende Abbildung.) Bei diesem Kunstwerke fällt die eigentümliche Mißbildung des Ohrs dem Beschauer sofort in die Augen. Wie daraus hervorgeht, war

Bronzekopf eines Faustkämpfers aus Olympia.

der Sieger stolz auf die Verunstaltungen, die er seinem wiederholten Auftreten im Faustkampfe verdankte, aber er hielt doch den Sieg für glänzender, in dem er überhaupt keinen Schlag erhalten hatte, und rühmte sich am meisten, wenn er, ohne einen Hieb zu versetzen oder zu empfangen, lediglich durch ein geschicktes Parieren seinen Gegner so ermüdet hatte, daß dieser sich für besiegt erklärte.

Wie sehr übrigens diese nach unsrer Anschauung rohe und

unmenschliche Kampfesart schon im heroischen Zeitalter beliebt war, bezeugt uns die Stelle aus Homer,[1]) wo unter den zu Ehren des gefallenen Patroklos aufgeführten Kampfspielen auch ein Faustkampf zwischen Epeios und Euryalos vorgeführt wird. Diesen schildert der Dichter mit folgenden Worten:

„Und sie erhoben sich beide zugleich mit nervigten Armen,
Stießen zusammen und trafen sich schwer mit den fliegenden Fäusten;
Furchtbar schallte der Backen Getön, und es floß von den Gliedern
Strömend der Schweiß."

Unbekannt dagegen war dem heroischen Zeitalter das Pan=
kration (τὸ παγκράτιον), die Verbindung von Ring= und Faustkampf; es war dies eine Einrichtung, die erst von der 33. Olympiade (vom Jahre 648 v. Chr.) an üblich ward. Hier konnte sich die Geschicklichkeit des Kämpfers im vollsten Lichte zeigen; auch war dieser Wettkampf weniger roh, da einerseits Hände und Arme, um beim Ringen unbehindert zu sein, nicht mit Riemen und Buckeln versehen waren, und andrerseits es den Regeln zu= widerlief, mit geballter Faust auf den Gegner loszuschlagen, viel= mehr nur mit gekrümmten Fingern der Hieb ausgeführt werden durfte.

Faustkampf und Ringkampf sind es gewesen, welche die Zunft der Athleten hervorgerufen haben, jener Leute, die aus ihrer Kunstfertigkeit ein Gewerbe machten, von Ort zu Ort zogen und durch ihre staunenswerten Leistungen und ihre Kraft= produktionen die Bewunderung und den Beifall einer schaulustigen Menge erregten. Lediglich ihrer Kunst lebend, erlangten sie durch stetige Übung und übermäßige Nahrung eine Muskulatur, die das Maß des Schönen überschritt. Wir können dies am besten beobachten an der bekannten Statue des farnesischen Herkules, die dem Glykon von Athen zugeschrieben wird, einem Künstler, dessen Lebenszeit wir leider nicht zu bestimmen vermögen. (Siehe Ab= bildung S. 74.) Myron hatte zuerst Herkules als „Kraftmenschen" in die Kunst eingeführt und Lysippus diesen Typus weiter aus= gebildet. Herkules wurde zugleich der Gott, dem die Athleten

---

[1]) Hom. Il. XXIII, 686 ff.:

ἄντα δ' ἀνασχομένω χερσὶ στιβαρῇσιν ἅμ' ἄμφω
σύν ῥ' ἔπεσον, σὺν δέ σφι βαρεῖαι χεῖρες ἔμιχθεν.
δεινὸς δὲ χρόμαδος γενύων γένετ', ἔῤῥεε δ' ἱδρὼς
πάντοθεν ἐκ μελέων.

ihre besondere Verehrung zollten; sein Bild wurde mit Vorliebe auf den Übungsplätzen aufgestellt. Das erwähnte Standbild wurde 1540 in den Thermen des Caracalla zu Rom gefunden; seit 1799 befindet es sich im Museo Nazionale zu Neapel. Es geht vermutlich auf ein Vorbild des Lysippus zurück; nur ist wohl anzunehmen, daß die Übertreibung in der Bildung der Muskulatur bei dem Original sich nicht vorfand, sondern Zuthat des kopierenden Künstlers ist, der den Effekt steigern wollte, dadurch aber nur die Schönheit des Werkes beeinträchtigte. —

Farnesischer Herkules im Museum zu Neapel.

Mochten auch alle die erwähnten Kampfarten, die der Grieche unter dem Namen „gymnische Wettkämpfe" (ἀγῶνες γυμνικοί) zusammenfaßte, bei den für die Ausbildung der körperlichen Kraft und Gewandtheit begeisterten Hellenen ein sehr hohes Interesse erwecken, der eigentliche Glanz, der auf eine große Menge von Zuschauern so bezaubernd wirkte, wurde den olympischen Spielen doch erst durch die Einführung des Wettfahrens (ἀγὼν ἱππικός) verliehen. Dadurch wurden auch namentlich die vornehmen und begüterten Klassen zur Teilnahme veranlaßt: die olympischen Wettkämpfe wurden Feste der ganzen Nation. Und wenn auch die Kosten, die mit dem Auftreten beim Wettfahren naturgemäß verbunden waren, diese Art der Kampfspiele zu einem Vorrecht der begüterten Klassen stempelten, so war doch der Anblick, der hier den Zuschauern geboten wurde, so bestrickend, daß die Wettfahrer auf die lebendigste Teilnahme von allen Schichten der zusammengeströmten Menge mit Sicherheit von vornherein rechnen durften. In der 25. Olym=

piade (680 v. Chr. Geb.) wurde das Wettfahren zum ersten Male vorgeführt; es hat sich dann auch für die Folgezeit erhalten und zu großer Mannigfaltigkeit entwickelt.

Die Rennbahn (ὁ ἱππόδρομος), die östlich von der Altis und südlich vom Stadium gelegen war, ist leider durch die Überflutungen des Flusses Alpheios im Laufe der Jahrhunderte so völlig vernichtet worden, daß es bei den Ausgrabungen nicht möglich gewesen ist, irgend welchen festen Anhaltspunkt über ihre Anlage zu gewinnen. Wir sind hier, wie auch sonst oft, auf die Schilderung des Pausanias angewiesen, der bei seiner Anwesenheit in Olympia auch diese Stätte besucht und uns einen Bericht darüber hinterlassen hat. Dieser aber ist ziemlich unklar und verworren, so daß er bei der Lösung von verschiedenen Fragen versagt. Es giebt daher nicht wenige Punkte, in denen die Ansichten der Gelehrten auseinander gehen und zu einer Einigung nicht gelangen können.

Daß das Wettfahren schon von den ältesten Zeiten her bei den Griechen in hohem Ansehen stand, wissen wir aus Homer; seine Helden, die nicht zu Pferde kämpfen, sondern auf Streitwagen (als παραβάται) in den Kampf ziehen und einen ihnen an Mut und Tapferkeit gleichen Gegner zum Kampfe herausfordern, während ein Wagenlenker (ὁ ἡνίοχος) die feurigen Rosse durch das Getümmel der Schlacht treibt, benutzen ihre Streitwagen auch, um sich im Wettkampf miteinander zu messen. Bei den zu Ehren des Patroklos veranstalteten Leichenspielen wird uns zuerst ein Wagenrennen von dem Dichter mit anschaulicher Lebendigkeit vor Augen geführt, in welchem fünf Preise für ebensoviele Kämpfer ausgesetzt sind. Den Beginn des Wettfahrens selbst schildert uns Homer mit folgenden Worten:[1]

---

[1] Hom. Il. XXIII, 358 ff.:
στὰν δὲ μεταστοιχί. σήμηνε δὲ τέρματ᾽ Ἀχιλλεύς
τηλόθεν ἐν λείῳ πεδίῳ· παρὰ δὲ σκοπὸν εἷσεν
ἀντίθεον Φοίνικα, ὀπάονα πατρὸς ἑοῖο.
ὡς μεμνέῳτο δρόμου καὶ ἀληθείην ἀποείποι.
οἱ δ᾽ ἅμα πάντες ἐφ᾽ ἵπποιιν μάστιγας ἄειραν,
πέπληγόν θ᾽ ἱμᾶσιν, ὁμόκλησάν τ᾽ ἐπέεσσιν
ἐσσυμένως· οἱ δ᾽ ὦκα διέπρησσον πεδίοιο,
νόσφι νεῶν, ταχέως· ὑπὸ δὲ στέρνοισι κονίη
ἵστατ᾽ ἀειρομένη ὥς τε νέφος ἠὲ θύελλα,
χαῖται δ᾽ ἐρρώοντο μετὰ πνοιῇς ἀνέμοιο.

„Alle gereiht nun standen; es wies das Zeichen Achilleus
Fern in dem flachen Gefild, und dabei zum Schauer bestellt er
Phoinix, den göttlichen Held, den Kriegsgefährten des Vaters,
Wohl zu bemerken den Lauf und anzusagen die Wahrheit.
Alle zugleich auf die Rosse erhoben sie drohende Geißeln,
Schlugen zugleich mit den Riemen und schrie'n anmahnende Worte.
Heftigen Muts, und in Eile durchströmten jene das Blachfeld
Schnell von den Schiffen hinweg; und emporstieg unter den Brüsten
Dick aufwallender Staub, dem Gewölk gleich oder dem Sturmwind;
Und wild flogen die Mähnen im wehenden Hauche des Windes.
Jetzo rollten die Wagen gesenkt an der nährenden Erde,
Jetzo stürmten sie hoch, als schwebende. Aber die Lenker
Standen empor in den Sesseln; es klopfte jedem das Herz nun
Sehnsuchtsvoll nach dem Sieg; und jeglicher drohte den Rossen
Mächtigen Rufs: und sie flogen in stäubendem Lauf durch die Felder."

Als später der Schwerpunkt in der Schlacht mehr in die Wirkung der Massen gelegt wurde und damit die persönliche Tapferkeit des einzelnen etwas in den Hintergrund trat, verschwand der Streitwagen vom Schlachtfelde; das Wagenrennen wurde ein Sport der vornehmen Stände, der bei den nationalen Spielen in vollem Glanze zur Geltung kam, und, nachdem er einmal zur Einführung gelangt war, sich dauernd erhielt und eines ganz besondern Beifalls erfreute.

Was die Anlage der Rennbahn in Olympia anbelangt, so sind wir bei der Verwüstung durch die Überschwemmungen des Alpheus, die gerade diesen Teil der Feststätte besonders schwer heimgesucht haben, darauf angewiesen, uns die einstige Beschaffenheit derselben dadurch in der Phantasie wieder zu vergegenwärtigen, daß wir Anlagen, die einem gleichen Zwecke dienten und besser erhalten sind, zum Vergleich heranziehen und im übrigen die Schilderung des Pausanias berücksichtigen. Daß die Rennbahn länger und breiter als das Stadion angelegt war, war in der Natur der Sache begründet: die feurigen Rosse, die im Wettkampfe dahin stürmten, verlangten eine längere Strecke, um ihre Schnelligkeit zeigen zu können, und die nebeneinander

---

ἅρματα δ' ἄλλοτε μὲν χθονὶ πίλνατο πουλυβοτείρῃ,
ἄλλοτε δ' ἀΐξασκε μετήορα· τοὶ δ' ἐλατῆρες
ἕστασαν ἐν δίφροισι, πάτασσε δὲ θυμὸς ἑκάστου
νίκης ἱεμένων· κέκλοντο δὲ οἷσιν ἕκαστος
ἵπποις, οἱ δ' ἐπέτοντο κονίοντες πεδίοιο.

fahrenden Gespanne machten eine größere Breite als die des Stadions erforderlich.

Die Ausdehnung der olympischen Rennbahn nach Länge und Breite in Zahlen anzugeben, ist bei dem Stande der Dinge unmöglich. Von dem Stadion war sie durch einen künstlich aufgeworfenen Wall geschieden, während auf der anderen (südlichen) Langseite sich ein natürlicher Höhenzug erstreckte; dieser ist aber im Laufe der Jahrhunderte durch die Überflutungen des Alpheus hinweggespült. Nach Osten hin fand die Rennbahn in einem halbkreisförmigen Bogen ihren Abschluß, auf der entgegengesetzten Seite — es war diejenige, auf welcher der Wettkampf seinen Anfang nahm — bildete die Grenze eine von dem Baumeister Agnaptos ($Ἄγναπτος$) erbaute Halle ($στοά$). Vor derselben lag der Platz, von dem aus die Gespanne zum Wettkampfe in die Rennbahn einfuhren ($ἡ ἄφεσις$). „Dieser Ablaufstand hat," wie Pausanias berichtet, „die Gestalt eines Schiffsbuges, dessen Spitze der Rennbahn zugewendet ist."[1]) Als Erbauer dieser eigenartigen Anlage wurde Kleoitas ($Κλεοίτας$) aus Athen bezeichnet. In die Seiten derselben waren die verschiedenen Stände ($οἰκήματα$) für die Teilnehmer am Wettfahren eingebaut. Es herrschte dabei die Sitte, daß vor dem Beginn der Spiele die einzelnen Plätze unter den Teilnehmern verlost wurden. Nach der Rennbahn zu waren diese Schuppen offen, ihre Ausgänge aber von derselben durch Seile abgesperrt. War das Zeichen zur Abfahrt für die Wagenkämpfer durch ein Zeichen, vermutlich ein Trompetensignal, gegeben, so wurde das Publikum, das auf den die Rennbahn umgebenden Wällen lagerte, durch einen künstlich konstruierten Mechanismus von dem Beginn des Kampfes in Kenntnis gesetzt. In der Mitte des Ablaufstandes befand sich nämlich auf einem aus Backsteinen aufgeführten Altar ein eherner Adler, der Vogel des Zeus, mit ausgebreiteten Schwingen, der mit einem an der Spitze des Bugs befindlichen und gleichfalls aus Erz gebildeten Delphin in Verbindung stand. Stieg durch ein im Innern des Altars angebrachtes Räderwerk der Adler in die Höhe, so senkte sich gleichzeitig der Delphin, und damit trat der Moment ein, wo alle Zuschauer ihre ganze Aufmerksamkeit der Stelle zuwandten,

---

[1]) Paus. VI, 20, 10: $πεποίηται μὲν οὖν σχῆμα ἡ ἄφεσις κατὰ πρῷραν νεώς, τέτραπται δὲ αὐτῆς τὸ ἔμβολον ἐς τὸν δρόμον.$

auf der die Gespanne zum Kampfe antraten. Sobald die als Barriere dienenden Seile weggezogen waren, fuhren die Wagen aus ihren Schuppen heraus, zuerst die, welche am weitesten von der Spitze des Bugs entfernt waren. Befanden sie sich auf gleicher Höhe mit den nächsten Standorten, so wurden auch hier die Schranken geöffnet, und dieses Verfahren wurde in gleicher Weise fortgesetzt, bis alle Gespanne ihren Platz verlassen hatten und an der Spitze des Bugs in einer Linie aufgefahren waren.

Bevor wir dieselben auf ihrer Wettfahrt begleiten, wird es angezeigt sein, einen flüchtigen Blick auf die Gestalt der Wagen zu werfen. Es ist von vornherein anzunehmen, daß sie sich in ihrem Bau nicht von denen unterschieden, die im heroischen Zeitalter üblich waren und sich auf Vasenbildern wiederholt dargestellt finden. Auf den durch eine Axe verbundenen zwei Rädern, die einen geringen Durchmesser und gewöhnlich nur vier Speichen hatten, war der Wagenkasten (ὁ δίφρος) befestigt, der die Form einer halben Ellipse besaß, vorn geschlossen und an den Seiten von hölzernen Wänden, die nach hinten hin niedriger wurden, umgeben war, während die zum Aufsteigen bestimmte Rückseite offen blieb. Die Bügel, welche hinten an den Seitenwänden angebracht waren, boten dem Rosselenker Gelegenheit, den Wagen bequem zu besteigen und auf den vordersten Teil des Wagenkastens zu treten, der seinen Körper ungefähr bis zur Höhe der Knie deckte. Auch hier befanden sich Bügel, die zur Befestigung der Zügel dienten und dabei auch wohl den Zweck hatten, dem Fahrer einen Anhalt zu gewähren; dies war um so wünschenswerter, als der Gebrauch von Federn zur Verminderung des Stoßes den Alten unbekannt war. Um die Rosse zu schnellerem Laufe anzuspornen, führte der Wettfahrer eine Art von Peitsche (μάστιξ), die mit kurzen Schnüren oder auch Blechen zum Klappern versehen war, oder einen mit einem Stachel versehenen Stab (κέντρον).

Die Wagen, die in Olympia beim Wettrennen gebraucht wurden, waren seit der Einführung dieser Spiele (680 v. Chr.) mit vier ausgewachsenen Pferden bespannt (τὸ τέθριππον)[1]); man nannte diesen Wettlauf deshalb auch δρόμος ἵππων τελείων. Die vier Rosse waren nebeneinander angeschirrt; die

---

[1]) So auch an dem oben beschriebenen Ostgiebel des Zeustempels.

beiden Mittelpferde trugen ein im Innern gepolstertes kummet-
artiges Joch, während die beiden auf den Seiten befindlichen
Pferde an je einem Strange zogen, der an dem Bügel am
Vorderteil des Wagenkastens befestigt war.

Lange Zeit hindurch war es üblich, nur mit dem Viergespann
in den Wettkampf einzutreten; erst in der 93. Olympiade (im
J. 408 v. Chr.) kam die Sitte auf, auch mit dem Zweigespann
(ἡ συνωρίς) um den Preis zu ringen. Seit dem Jahre 384
v. Chr. (= 99. Olympiade) wurde es auch gestattet, mit einem
Viergespann von jungen Pferden in der Rennbahn aufzutreten;
erst viel später aber (in der 128. Olympiade = 268 v. Chr.)
wurde es Sitte, ein Zweigespann von jungen Pferden zu
diesem Zwecke zu benutzen. Als eine Abart bei diesen Wettfahrten
sei noch erwähnt das Maultiergespann (ἡ ἀπήνη), das eine Zeitlang (von 500—444 v. Chr.) zugelassen wurde; da aber in Elis
selbst die Zucht von Maultieren nicht getrieben wurde, so hatten
die Eleer kein Interesse daran, diesen Sport zu begünstigen, und
infolgedessen ist er auch bald wieder verschwunden. Als Kuriosität
sei noch erwähnt, daß Kaiser Nero mit einem Zehngespann in
der Rennbahn erschien; zu der Zeit war aber die Blütezeit der
olympischen Spiele lange vorüber. Während sonst auf der Rennbahn bei der Wettfahrt ebenso wie bei den Übungen im Wettlauf der Raum ein- oder zweimal durchmessen wurde, kam es bei
den olympischen Spielen sowie bei den Pythien und Isthmien
darauf an, zwölf Umfahrten hintereinander zu machen (δωδέ-
κατος δρόμος).

Setzten sich die Wagen, nachdem sie auf das gegebene Zeichen
in einer Linie aufgefahren waren, endlich in Bewegung, so han-
delte es sich vor allen Dingen darum, die beiden Ziele, die in der
Längsachse der Rennbahn in dem oberen und unteren Teile aufgestellt
waren,[1]) in geschickter Weise zu umfahren; hier galt es, Kaltblütigkeit zu zeigen und einen sicheren Blick zu haben, damit die
Biegung in möglichst schneller Zeit vollendet und jedes Zusammen-
stoßen mit den benachbarten Gespannen, das leicht Verderben
bringen konnte, vermieden wurde. Da das Wettfahren auf der

---

[1]) Auf dem einen Ziel war nach Pausanias (VI, 20, 19) eine Statue
der Hippodamia aus Erz aufgestellt; sie hielt eine Binde in der Hand, um
Pelops für den errungenen Sieg damit zu schmücken.

rechten Seite der Rennbahn seinen Anfang nahm, so war es
für den Wagenlenker geboten, an dem zu umfahrenden Ziele den
Körper nach links zu biegen, das am weitesten nach links befindliche
Roß möglichst kurz in den Zügeln zu halten und das auf der
rechten Außenseite laufende Pferd, welches die größte Strecke des
Bogens zurückzulegen hatte, nicht in seiner Freiheit durch das An=
ziehen der Zügel zu beschränken, sondern nur durch lebhaften
Zuruf und durch die Geißel anzutreiben. Darauf zielt auch der
Rat ab, den der alte Nestor seinem Sohne Antilochus vor der Ab=
fahrt in väterlicher Weise mit auf den Weg giebt, als sich dieser bei
den Leichenspielen für Patroklos an der Wettfahrt beteiligt; er
sagt dabei von dem zu umfahrenden Ziele (τὸ τέρμα) folgendes:[1]

> „Diesem dich hart andrängend beflügele Wagen und Rosse,
> Selber zugleich dann beug' in dem schön geflochtenen Sessel
> Sanft zur Linken dich hin; und das rechte Roß des Gespannes
> Treib' mit Geißel und Ruf und laß ihm die Zügel ein wenig,
> Während dir nah am Ziele das linke Roß sich herumdreht,
> So daß fast die Nabe den Rand zu erreichen dir scheinet
> Deines zierlichen Rades. Den Stein zu berühren vermeide,
> Daß du nicht verwundest die Ross' und den Wagen zerschmetterst."

Eine besonders gefährliche Stelle war außerdem ein auf der
linken Seite, ungefähr in gleicher Linie mit dem oberen Ziele an
der Umwallung gelegener Altar, der am Eingange eines nach
dem Stadion führenden Durchgangs lag; man nannte ihn
geradezu den „Pferdeschrecker" (ὁ ταράξιππος). Pausanias[2] be=

---

[1] Hom. Il. XXIII, 334 ff.:
τῷ σὺ μάλ' ἐγχρίμψας ἐλάαν σχεδὸν ἅρμα καὶ ἵππους,
αὐτὸς δὲ κλινθῆναι ἐυπλέκτῳ ἐνὶ δίφρῳ
ἦκ' ἐπ' ἀριστερὰ τοῖιν ἀτὰρ τὸν δεξιὸν ἵππον
κένσαι ὁμοκλήσας, εἶξαί τέ οἱ ἡνία χερσίν.
ἐν νύσσῃ δέ τοι ἵππος ἀριστερὸς ἐγχριμφθήτω,
ὡς ἄν τοι πλήμνη γε δοάσσεται ἄκρον ἱκέσθαι
κύκλου ποιητοῖο· λίθου δ' ἀλέασθαι ἐπαυρεῖν,
μή πως ἵππους τε τρώσῃς κατά θ' ἅρματα ἄξῃς.

[2] Paus. VI, 20, 15: Κατὰ τὴν διέξοδον τὴν διὰ τοῦ χώματος τὸ
τῶν ἵππων δεῖμα ὁ Ταράξιππος. Σχῆμα μὲν βωμοῦ περιφεροῦς ἐστι,
παραθέοντας δὲ κατὰ τοῦτο τοὺς ἵππους φόβος τε αὐτίκα ἰσχυρὸς
ἀπ' οὐδεμιᾶς προφάσεως φανερᾶς καὶ ἀπὸ τοῦ φόβου λαμβάνει ταραχή·
τὰ δὲ ἅρματα καταγνύουσιν ὡς ἐπίπαν καὶ οἱ ἡνίοχοι τιτρώσκονται.
Καὶ τοῦδε ἡνίοχοι ἕνεκα θυσίας θύουσι καὶ γενέσθαι σφίσιν ἵλεων
εὔχονται τὸν Ταράξιππον.

richtet von diesem Aufbau: „Er hat die Gestalt eines runden Altars, und wenn die Pferde an ihm vorüberrennen, erfaßt sie ohne jeglichen Grund ein starker Schrecken, so daß sie scheuen und oft die Wagen zerschmettert und die Fahrer verwundet werden. Deshalb bringen auch die Wagenlenker Opfer und flehen, daß der Taraxippos ihnen gnädig sein möge."

Von diesem Altar wurden viele wunderbare Geschichten erzählt, welche die unheilvolle Wirkung desselben begründen sollten. In neuester Zeit hat man die auffällige Erscheinung in einfacher Weise folgendermaßen zu erklären versucht: die Rosse, welche in den Morgenstunden auf der nach Osten sich erstreckenden Rennbahn bei dem Laufe zum oberen Ziel den Schatten hinter sich hatten, erblickten beim Umbiegen denselben zum ersten Male vor sich und wurden dadurch leicht scheu. Jedenfalls war es auch an dieser Stelle für den Wagenlenker geboten, volle Geistesgegenwart zu bewahren und einem Durchgehen der Rosse mit aller Kraft vorzubeugen.

Boten die einzelnen Momente in den früher betrachteten Wettkämpfen dem plastischen Künstler ein reiches Material für Darstellungen, so war das Wettrennen, das eine ununterbrochene Kette von schnell aufeinanderfolgenden Handlungen bildete, dafür wenig geeignet. Höchstens die Vorbereitungen dazu, in denen noch eine gewisse Ruhe waltete, ließen sich durch die plastische Kunst wohl zur Anschauung bringen, und wir haben ja bereits gesehen, daß auf dem Ostgiebel des Zeustempels dargestellt war, wie sich Pelops und Onomaos zu der verhängnisvollen Wettfahrt anschicken, die dem König von Elis den Tod bringen sollte. Dankbarer war dieses Thema für den Maler, und so finden wir denn, daß auf den mit Figuren versehenen Vasen das Wettfahren öfters als Vorwurf gewählt worden ist. Diese handwerksmäßigen Darstellungen sind freilich vielfach ziemlich flüchtig und oberflächlich; es fehlt dabei auch nicht an Verzeichnungen. Was aber der Plastik in Marmor oder Erz zu bilden versagt war, das konnte der Dichter durch seine lebhafte Phantasie dem Geiste des Hörers oder Lesers in lebendiger Schilderung vor die Seele führen. In einem Drama des größten attischen Dramatikers, Sophokles, in der Elektra, wird uns ein Wagenrennen geschildert, und wenn dasselbe auch bei den pythischen Spielen in Delphi stattgefunden haben soll, so verdient es doch, auch an dieser Stelle angeführt zu werden, da ja eine solche Fahrt bei allen öffentlichen Wettkämpfen sich in gleicher Weise abspielte. Der Vorgang, der dem Dichter zu dieser Schilderung Veranlassung giebt, ist folgender: Orestes, der bei der Ermordung seines Vaters Agamemnon zum Könige Strophios nach Phokis gerettet worden ist, kehrt, von seinem alten Diener begleitet, nach langer Abwesenheit in das Land seiner Väter zurück, um mit List den Tod seines Vaters an den Mördern Ägisthos und Klytämnestra zu rächen. Damit niemand seine Ankunft ahnt und die Übelthäter in das Gefühl der Sicherheit eingewiegt werden, erzählt der treue Diener, sein Herr habe bei dem Wettfahren in Delphi einen bejammernswerten Tod gefunden. Um mit seiner Fabel leichter Glauben zu finden, berichtet er der Königin und der neben ihr stehenden Elektra mit beredten Worten, wie sich das traurige Ereignis zugetragen habe. Nachdem er gemeldet, wie in den gymnischen Wettkämpfen sein Herr durch seine Tüchtigkeit und Gewandtheit sich unter allen hervorgethan habe, erzählt er über das angebliche Ende des Orestes folgendes:[1])

> Am andern Tage, als der Rosse Wettlauf
> Begann beim ersten Sonnenstrahl, da trat
> Er in die Bahn mit vielen Wagenlenkern.
> Je einer war aus Sparta und Achaja,
> Zwei wohlgeübte Führer des Gespannes
> Aus Libyen; Orestes folgte dann
> Mit Rossen vom Thessalierland als fünfter,
> Der sechste mit den Braunen war Ätoler,
> Der nächste stammte aus Magnesia;[2])
> Der achte, von den Änianen,[3]) kam
> Mit weißen Rossen; ein Athener war
> Der neunte aus der gotterbauten Stadt;
> Und ein Böoter mit dem zehnten Wagen
> Beschloß die Zahl. So standen sie am Platz,
> Den nach dem Los in der Gespanne Reihe
> Des Kampfes Richter jedem festgesetzt.
> Beim Schall der ehernen Drommete stürmten
> Sie in die Bahn, sie schüttelten die Zügel
> Und trieben rufend ihre Rosse an.

---

[1]) Soph. Elektra, v. 754 ff. Übersetzung von Hubatsch, erschienen bei Velhagen & Klasing, Bielefeld u. Leipzig, 1896.

[2]) Im östlichen Thessalien.

[3]) In Südthessalien.

Die ganze Bahn erfüllte Wagenrasseln
Mit dröhnendem Getöse, und der Staub
Erhob sich wirbelnd. In der bunten Menge
Da schonten sie die Geißeln nicht im Drang,
Des andern Rad und schnaubendes Gespann
Zu überholen und der Männer Rüden;
Der Räder Rand bespritzte Schaum der Rosse,
Die schnaubend vorwärts drangen. Lenkend bog
Orestes immer um die letzte Säule;
Dem rechten Roß am Seil ließ er die Zügel.
Das linke hielt er fest; so ließ er stets
Die Nabe streifen. Alle Wagen rollten
Bisher noch regelrecht; da gehn die Rosse
Des Änianen durch, die unlenksamen.
Die Wagen machten sechs- und siebenmal
Den Umlauf schon; nun stießen jene Rosse,
Ausbiegend aus der Bahn mit ihrer Stirne
An des Barkäers¹) Wagen. Jetzt zerstößt
Durch diesen einen Fehl ein Wagen stets
Den andern, bricht zusammen, und das Feld
Von Krisa²) ist von Trümmern ganz bedeckt.
Dies sah der Rosselenker aus Athen,
Ein Meister in der Fahrt; er bog zur Seite
Und hielt im Rennen ein und ließ
Den Wagenstrudel in der Mitte erst
Vorüberwogen. Als der letzte kam
Orestes jetzt heran, der seine Rosse
Zurückhielt, auf den Schluß des Kampfes bauend.
Sobald er den Athener ganz allein
Noch übrig sieht, da schmettert er
Den scharfen Knall der Geißel dem Gespann
Ins Ohr und jagt dahin mit schnellen Rossen.
Und die Gespanne rannten Joch an Joch;
Bald war das eine, bald das andre wieder
Um eines Hauptes Länge vor im Lauf.
Der Ärmste hatte all' die andern Gänge
Mit Sicherheit vollendet, aufrecht stand
Er da in seinem unversehrten Wagen;
Da hielt den linken Zügel er nicht fest
Des Rosses, welches um die Säule bog
Und unversehens stieß er an den Rand.
Die Axe mitten in der Nabe brach;

---

¹) Aus Barka an der Nordküste Afrikas. Gemeint ist einer der oben
genannten Libyer.
²) Stadt in Phocis, worin Delphi gelegen war.

Er stürzt vom Wagenrand herab, verwickelt
Sich in die Riemen, und die Rosse stürmen
Bei seinem Sturze mitten durch die Bahn.
Und wie das Volk ihn sieht vom Wagen fallen,
Da jammert alles, daß solch traurig Los
Den Jüngling traf nach solchen Ruhmesthaten.
Er ward dahin geschleift am Boden bald,
Bald flogen seine Glieder in die Höhe,
Bis erst die Wagenlenker, mühsam nur
Den Lauf der Rosse hemmend, ihn befreiten.
Er sah so blutig aus, kein Freund hätt' ihn
In dieser schrecklichen Gestalt erkannt.
Er wurde schnell verbrannt; der Aschenrest
Des Heldenleibes ruht in eherner
Bescheidner Urne; abgesandte Männer
Vom Phokervolke bringen sie hierher,
Damit sein Grab im Vaterland er finde.
So ist's geschehn, in der Erzählung schon
Beklagenswert für alle, die wie wir
Es selber angesehn, das größte Leid
Von allen, die mein Auge je erblickt.

Soweit der Dichter. —

Wie im Kriege erst in späterer Zeit die Reiterei an die Stelle der Wagenkämpfer trat, so wurde auch in die Ordnung der olympischen Spiele das Wettreiten (ἡ ἱπποδρομία) erst später aufgenommen. Zum ersten Male wurde es in der 33. Olympiade (648 v. Chr.) veranstaltet, und zwar durfte zu diesem Zwecke nur ein ausgewachsenes Pferd (ἵππος κέλης) verwendet werden; erst geraume Zeit später, nämlich in der 131. Olympiade (256 v. Chr.) wurde es auch gestattet, mit einem Fohlen (κέλητι πώλῳ) um den Preis zu ringen.

Den Pferden, die bei diesem Wettreiten den Sieg davon trugen, wurden nicht selten hohe Ehren zu teil: so wird uns u. a. berichtet,[1]) daß einem Sieger Namens Pheidolas (Φειδώλας) gestattet wurde, die Statue seines ausgezeichneten Rosses in der Nähe des Zeustempels aufzustellen. Und wie sehr die Besitzer solcher Pferde diese ehrten, davon mag als weiterer Beweis angeführt werden, daß Cimon, des Miltiades Vater, Rosse, die dreimal den Sieg davongetragen hatten, sogar im Familienbegräbnisse beisetzen ließ. Auf den Siegespreis, den

---

[1]) Pausan. VI, 13, 9.

Kranz, hatte übrigens nur der Besitzer des Pferdes oder des Gespannes Anspruch, nicht etwa die Reiter oder Wagenlenker, die im Auftrage ihres Herrn sich an dem Wettkampf beteiligt hatten. Wohl aber wurden die Wagenlenker, die mit ihrem Gespann das Ziel zuerst erreicht hatten, dadurch belohnt, daß sie mit einer wollenen Binde geschmückt wurden. —

Nachdem wir die einzelnen Arten der Wettspiele kennen gelernt haben, beschäftigt uns nunmehr die Frage, in welcher Weise die olympische Festfeier verlief, d. h. welches Programm derselben zu Grunde gelegt wurde. In den ältesten Zeiten, in welchen das Fest auf einen Tag sich beschränkte, die Anzahl der Wettkämpfe geringer war und auch die Beteiligung von seiten der griechischen Staaten und Kolonien noch nicht einen so großen Umfang gewonnen hatte, wird das Fest einen einfachen Verlauf genommen haben. Als aber die Mannigfaltigkeit der Spiele sich steigerte und immer mehr Bewerber in die Schranken traten, da mußte man darauf denken, die Festzeit zu verlängern und den einzelnen Tagen bestimmte Wettkämpfe zuzuweisen. Dieser Wendepunkt trat nach Pausanias mit der 77. Olympiade (472 vor Chr.) ein: von da ab wurde für die Feier ein Zeitraum von fünf Tagen bestimmt; diese Einrichtung wurde alsdann für die Folgezeit beibehalten.

Es läßt sich als gewiß annehmen, daß schon einige Zeit vor dem Beginne des Festes sich in Olympia, über das sonst eine feierliche Ruhe ausgebreitet lag, ein reges Leben entfaltete. Von allen Seiten trafen die Zuschauer zu Fuß und zu Wagen ein und mit ihnen zugleich auch die Festgesandtschaften (αἱ ϑεωρίαι), welche von den einzelnen Staaten zur Teilnahme an der Feier geschickt wurden. In glänzendem Waffenschmuck zu erscheinen, war freilich durch den Gottesfrieden untersagt, aber man suchte durch kostbare Gewänder, sowie durch prächtige Geschirre diesen Mangel zu ersetzen. Da es nicht möglich war, eine so zahlreiche Menge unter Dach und Fach zu bringen, übrigens auch die klaren Nächte des Hochsommers bei den dortigen klimatischen Verhältnissen es sehr wohl gestatteten, die Nacht über im Freien zu bleiben, so lagerte man sich in Zelten. Auch in deren Ausstattung suchte man sich gegenseitig zu überbieten. Nehmen wir noch hinzu, daß von den Festteilnehmern eine Anzahl eherner Geräte als ein Zeichen des Wohlstands mitgeführt wurde, die bei den Prozessionen dazu dienen sollten, den Glanz derselben zu erhöhen, so werden wir sagen müssen, daß das Auge des aufmerksamen Zuschauers schon vor dem Beginn der Spiele eine Fülle von Eindrücken der verschiedensten Art in sich aufnahm. Dazu kam ein gegenseitiger reger Verkehr: alte Freunde begrüßten sich nach langer Zeit einmal wieder, neue Bekanntschaften wurden geschlossen und alle möglichen Neuigkeiten in der Unterhaltung ausgetauscht. Ein ganz besonderes Interesse mochte es den Kolonisten gewähren, bei dieser Gelegenheit von den Geschehnissen im Mutterlande Genaueres zu erfahren und ihrerseits von dem Leben und Treiben in der weiten Ferne zu berichten.

Wie nun die einzelnen Wettkämpfe, nachdem die eigentliche Festzeit angebrochen war, auf die fünf Tage verteilt gewesen sind, darüber herrscht nicht überall Klarheit; jedenfalls aber können wir annehmen, daß das Fest mit einem feierlichen Opfer begann, welches dem olympischen Zeus im Namen des elischen Staates auf dem in der Mitte der Altis gelegenen Altar dargebracht wurde. Darauf wird die Hauptfeier des ersten Tages beschränkt gewesen sein. Außerdem war es erforderlich, daß alle diejenigen, die an dem Kampfe als Bewerber sich beteiligen wollten oder die als Kampfrichter (Ἑλλανοδίκαι) ihres Amtes bei den Spielen zu walten hatten, sich mit dem bekannt machten, was sie für die kommenden Festtage zu thun hatten. In dem Rathause, einem im Süden an die Altis anstoßenden Gebäude, von dem wir oben bereits gesprochen haben, wurden die ersteren vor einer ehernen Bildsäule des Zeus Horkios (Ὅρκιος) vereidigt, nachdem sie befragt waren, ob sie die erforderliche Zeit, d. h. wenigstens zehn Monate, den Übungen zugewendet hätten und sich den für die Festspiele geltenden Regeln unterwerfen wollten. Alle freien Hellenen, soweit sie nicht Frevel irgend welcher Art begangen hatten, wurden zu den Wettkämpfen zugelassen; Sklaven und Barbaren dagegen waren davon ausgeschlossen, durften aber als Zuschauer den Spielen beiwohnen. Daß an diesem Tage auch noch andere Formalitäten sich vollzogen und namentlich durch's Los bestimmt wurde, wer miteinander kämpfen solle, welche Reihenfolge beim Wettlauf und Wettfahren in Bezug auf die Plätze einzuhalten sei, ist als sicher anzunehmen. Auch dieser Akt war mit einem Gebet verbunden, das an dem Altar des Zeus Moiragetes (Μοιραγέτης) verrichtet wurde.

Ehe noch der folgende Tag anbrach, strömten schon die Zuschauer in hellen Haufen nach dem östlich gelegenen Stadion, um sich einen Platz zu sichern, von dem sie den Wettkampf gut übersehen konnten. Es kam darauf an, pünktlich an Ort und Stelle zu sein; denn sobald die Sonne über dem Horizonte erschien, nahmen die Spiele auch schon ihren Anfang. Der erste Kampftag war der Jugend vorbehalten: Knaben und Jünglinge traten in das Stadion ein, um vor den Augen ihrer Väter und Brüder ihre körperliche Gewandtheit zu zeigen. Mochten Mütter auch ein noch so lebhaftes Interesse daran haben, ihren Sohn auf der Bahn um den Preis ringen zu sehen: ein strenges Gesetz schloß sie, wie überhaupt die Frauen, vom Zuschauen aus, und wenn sie sich wirklich auch der oft mühseligen Reise unterzogen hatten, so waren sie doch genötigt, auf dem südlichen Ufer des Alpheus zurückzubleiben, wo sie wegen der zu großen Entfernung den Kampfplatz überhaupt nicht sehen konnten. Übertraten sie dieses strenge Gesetz, so mußten sie ihre Kühnheit mit dem Tode büßen: so verlangte es die olympische Satzung. Nur die Priesterin der Demeter durfte den Spielen beiwohnen, wie Pausanias[1]) berichtet; sie hatte sogar einen Ehrensitz unter den Zuschauern. Hatten den zweiten Tag Knaben und Jünglinge mit ihren gymnischen Wettkämpfen in Anspruch genommen, so waren der dritte und vierte den Männern vorbehalten. Welche Reihenfolge in den verschiedenen Spielen beobachtet wurde, ist nicht recht aufgeklärt. Da der Lauf die älteste Art des Wettkampfs war, so läßt sich von vornherein annehmen, daß damit auch der Anfang gemacht wurde; nur bleibt es fraglich, mit welcher Art des Laufens begonnen worden ist. Nach einer neuerdings vorgebrachten Ansicht wurde wenigstens in späterer Zeit an erster Stelle der Dauerlauf (δόλιχος) geübt, dann folgte der einfache Lauf (δρόμος), und den Schluß bildete der Doppellauf (δίαυλος). Auf das Laufen folgte das Ringen, alsdann der Faustkampf, und den Beschluß bildete das Pankration. Dieser dritte Tag war noch insofern bedeutungsvoll, als nach dem Sieger desselben die Olympiade benannt wurde. Daß diese zahlreichen aufeinander folgenden Kämpfe viel Zeit beanspruchten, ist

---

[1]) Paus. VI, 20, 9.

leicht begreiflich; es brach nicht selten der Abend herein, ohne daß sie ihren Abschluß gefunden hatten. Der folgende Morgen brachte zuerst die Wettkämpfe zu Pferde in ihren verschiedenen Formen; die Zuschauer versammelten sich auch hierbei schon vor Tagesanbruch auf den Wällen, die den Hippodrom umgaben. Hatten diese Spiele ihr Ende erreicht, so strömte die Menge nach dem Stadion zurück, um hier noch dem Pentathlon und dem Laufe der Schwerbewaffneten (ἡ ὁπλιτοδρομία) beizuwohnen. Daß zuweilen eine Änderung in der erwähnten Reihenfolge vorgenommen wurde, wird uns bezeugt, doch werden derartige Ausnahmen wohl selten gewesen sein.

Der glanzvollste und erhebendste Tag der Feier war der fünfte: an ihm fand die Verleihung des Siegespreises statt. Es ist ein beredtes Zeugnis für den auf das Ideale gerichteten Sinn der Griechen, daß sie ihre innigste Freude an einer Belohnung empfanden, die an und für sich wertlos war. Mochten dem Sieger in der Heimat auch sonst noch manche Ehren bereitet und verschiedene Vergünstigungen gewährt werden: das, was er am höchsten schätzte, war der Olivenkranz, mit dem von dem Hellanodiken sein Haupt geschmückt wurde, wenn er als Sieger verkündet war. „Heilige Hymnen," so singt Pindar, „strömen hernieder, wem nach des Herakles alten Satzungen des Zeus wahrhaftiger Kampfrichter, der ätolische Mann, des grünen Ölzweigs Schimmer um das Haupt legt."[1]) Nahe bei dem Opisthodom des Zeustempels stand der uralte, einer Sage nach von Herkules gepflanzte wilde Ölbaum (ἡ κότινος), „der Baum der schönen Kränze" genannt, von dem die für die Siegeskränze erforderlichen Zweige genommen wurden. Ein Knabe, dessen Eltern noch am Leben sein mußten,[2]) schnitt dieselben mit einem goldenen Messer ab. Erst einige Zeit nach der Erneuerung der Spiele durch Iphitos wurde diese schlichte Belohnung eingeführt; vorher hatte man nur um die Ehre gekämpft. Der einfache Siegespreis hat sich in der Folgezeit erhalten, und der Umstand, daß in den olympischen Spielen nicht wie an manchen andern

---

[1]) Pindar Olymp. 3, 16 u. f.: θεόμοροι νίσσοντ᾽ ἐπ᾽ ἀνθρώπους ἀοιδαὶ | ᾧτινι, κραίνων ἐφετμὰς Ἡρακλέος προτέρας, | ἀτρεκὴς Ἑλλανοδίκας γλεφάρων Αἰτωλὸς ἀνὴρ ὑψόθεν | ἀμφὶ κόμαισι βάλῃ γλαυκόχροα κόσμον ἐλαίας.

[2]) Die Griechen bezeichneten einen solchen Knaben mit dem sinnigen Beiwort ἀμφιθαλής (d. i. doppelumblüht).

Orten aus körperlicher Kraft und Geschicklichkeit ein materieller Gewinn erzielt werden konnte, hat gewiß viel dazu beigetragen, die berufsmäßigen Athleten und damit das Virtuosentum von dieser Stätte für längere Zeit zurückzuhalten. Der freie Hellene schätzte die Kunst im Wettkampf, die Agonistik, um ihrer selbst willen, weil er wußte, daß dadurch auch das Innere des Menschen in heilsamer Weise beeinflußt wurde. Treffend läßt Lucian, ein dem 2. Jahrhundert nach Christi Geburt angehöriger griechischer Schriftsteller, den Athener Solon in einem Zwiegespräch mit dem Scythen Anacharsis, der für derartige Kampfspiele kein Verständnis besitzt, diesem zur Erläuterung folgendes sagen:[1])

„Nicht allein um der Kampfspiele willen geschieht dies, um dort Siegespreise davon tragen zu können — denn zu diesen können nur ganz wenige von allen gelangen —, sondern ein größeres Gut erwerben sie dadurch dem ganzen Staate und sich selbst. Denn es handelt sich noch um einen andern gemeinsamen Wettkampf aller guten Bürger und um einen Kranz, nicht von Fichtenzweigen, von Ölzweigen oder Eppich, sondern der die ganze Glückseligkeit der Sterblichen in sich begreift: ich meine die Freiheit des einzelnen und die gemeinsame des ganzen Vaterlandes und Wohlstand und Ruhm und der heimischen Feste Frohgenuß und der Angehörigen Sicherheit, mit einem Worte: um das Schönste von allem, was wir von den Göttern erbitten können. Alles dieses ist in jenem Kranz zusammengeflochten und wird errungen in jenem Wettkampf. Zu solchem Ziele führen diese Übungen und Mühen."

Hatten die Sieger ihren Preis empfangen und waren ihr Name, ihre Herkunft und ihre Heimat durch den Mund des Herolds der festlichen Menge feierlich verkündet worden, so lag

---

[1]) Luc. Anachars. 15: οὐ μόνον ἕνεκα τῶν ἀγώνων, ὅπως τὰ ἆθλα δύναιντο ἀναιρεῖσθαι — ἐπ᾽ ἐκεῖνα μὲν γὰρ ὀλίγοι πάνυ ἐξ ἁπάντων χωροῦσιν — ἀλλὰ μεῖζόν τι ἁπάσῃ τῇ πόλει ἀγαθὸν ἐκ τούτου καὶ αὐτοῖς ἐκείνοις προξενοῦμενοι· κοινὸς γάρ τις ἀγὼν ἄλλος ἅπασι τοῖς ἀγαθοῖς πολίταις πρόκειται καὶ στέφανος οὐ πίτυος οὐδὲ κοτίνου ἢ σελίνου, ἀλλ᾽ ὃς ἐν αὑτῷ συλλαβὼν ἔχει τὴν ἀνθρώπων εὐδαιμονίαν, οἷον ἐλευθερίαν λέγω αὐτοῦ τε ἑκάστου ἰδίᾳ καὶ κοινῇ τῆς πατρίδος καὶ πλοῦτον καὶ δόξαν καὶ ἑορτῶν πατρίων ἀπόλαυσιν καὶ οἰκείων σωτηρίαν, καὶ συνόλως τὰ κάλλιστα, ὧν ἄν τις εὔξαιτο γενέσθαι οἱ παρὰ τῶν θεῶν· ταῦτα πάντα τῷ στεφάνῳ, ὅν φημι, συναναπλέκεται καὶ ἐκ τοῦ ἀγῶνος ἐκείνου περιγίγνεται. ἐφ᾽ ὃν αἱ ἀσκήσεις αὗται καὶ οἱ πόνοι ἄγουσιν.

ihnen die Pflicht ob, in einem Opfer der Gottheit, die ihnen
gnädig zur Seite gestanden hatte, ihren Dank darzubringen.
Dann zogen feierliche Prozessionen einher, und jeder war dabei
bemüht, den Aufzug so glänzend zu gestalten, als es die Ver=
hältnisse zuließen. Kostbare Gefäße wurden umher getragen,
Flöten= und Kitharaspiel ertönte, um den festlichen Glanz zu
erhöhen; auch Reigentänze wurden von gemieteten Chören ver=
anstaltet: in jeder Weise suchte man die Festfeier möglichst zu
heben. Besonders gern wurde dabei ein Lied des Archilochus[1])
gesungen, in welchem Herakles, das Vorbild aller Sieger, und
sein Genosse Jolaos mit den Worten gepriesen wurden:

"Heil dir im Siegeskranz, gewalt'ger Herakles,
Heil Jolaos, Heil dem edlen Kämpferpaar,
Juchheisa, Heil dem Sieger."

Hatten die Sieger ihr Opfer dargebracht, so hielten die
Gesandtschaften der verschiedenen Staaten ihren Aufzug, und war
auch dieser feierliche Akt vorüber, so schlossen fröhliche Festmahle
die ganze Feier ab. Die Eleer bewirteten die Sieger in dem
Prytaneion, und diese wiederum ließen bei einem festlichen Ge=
lage ihre Freunde und Bekannten an ihrer Siegesfreude teil=
nehmen. Je reichere Mittel dem Sieger zur Verfügung standen,
um so mehr Gäste versammelte er um sich, damit er in ihrer
Mitte den Freuden des Mahles, das durch Musik und Gesang ver=
schönt wurde, in vollen Zügen sich hingebe. Von dieser Fest=
freude singt Pindar[2]) mit den Worten: „Wenn der schönen
Selene geliebtes Abendlicht leuchtet, dann erschallt die ganze Flur
bei lieblichen Gelagen von Siegesgesängen."

Um die Vorbereitungen zu den Festspielen zu treffen, die
Ordnung bei denselben zu handhaben und bei der Verteilung
der Preise als Richter zu walten, dazu diente eine besondere Be=
hörde, die sich aus angesehenen elischen Bürgern zusammensetzte,
die sogenannten Hellanodiken (οἱ Ἑλλανοδίκαι). Ursprünglich,
als die Festspiele noch in einfacherer Weise abgehalten wurden
und mehr einen lokalen Charakter bewahrten, genügte eine Person,

---

[1]) Ὦ καλλίνικε χαῖρ᾽ ἄναξ Ἡράκλεες, | αὐτός τε καὶ Ἰόλαος, αἰχ-
μητὰ δύο, | τήνελλα καλλίνικε.

[2]) Pind. Ol. XI, 116: ἂν δ᾽ ἔσπερον | ἔφλεξεν εὐώπιδος | σελάνας
ἐρατὸν φάος, | ἄειδετο δὲ πᾶν τέμενος τερπναῖσι θαλίαις | τὸν ἐγκώ-
μιον ἀμφὶ τρόπον.

um die Feier zu leiten; man wählte dazu Nachkommen aus dem Geschlechte des Iphitus, der seinen Stammbaum auf Orylos zurückführte. Je mehr aber jene an Umfang zunahm und je mannigfaltiger sie sich gestaltete, um so mehr wuchs die dabei zu erledigende Arbeit. Nachdem deshalb von der 50. Olympiade an zwei angesehene Bürger aus Elis zur Verwaltung dieses Amtes berufen worden waren, wurde einige Zeit später ein Kollegium von neun Männern zu diesem Zwecke gebildet; zugleich wurde die oben erwähnte Bezeichnung eingeführt, die ja schon darauf hindeutete, daß die Festfeier eine allgemein griechische geworden war. Die amtlichen Funktionen teilten die neun Mitglieder, die aus den neun elischen Phylen gewählt wurden, in der Weise unter sich, daß drei das Pentathlon, drei das Wagenrennen und drei die übrigen gymnischen Wettkämpfe zu beaufsichtigen hatten. Als einige Zeit später die Zahl schon auf zehn erhöht worden war, weil auch die Zahl der elischen Phylen sich vergrößert hatte, wurde endlich um die 103. Olympiade ein Kollegium von zwölf Mitgliedern eingesetzt. Streitigkeiten mit den Arkadern, die zu einem Kriege mit Elis führten, ließen (Olymp. 104) dann die Zahl auf acht herabsinken, später (Olymp. 108) kehrte man zur Einsetzung eines Kollegiums von zehn Mitgliedern wieder zurück, und als Pausanias die Feststätte besuchte, bestand diese Einrichtung noch unverändert. Es läßt sich wohl annehmen, daß man dieselbe, nachdem sie so lange gewährt hatte, nun auch fernerhin beibehielt.

Wenn es auch fraglich ist, ob die Hellanodiken ihr Amt lebenslänglich verwalteten oder nur für je eine Olympiade in dasselbe berufen wurden, so steht jedenfalls fest, daß sie ihre Thätigkeit schon geraume Zeit vor dem eigentlichen Anfang der Festspiele begannen. Zehn Monate vorher traten sie in Elis zusammen, und ein besonderes Gebäude, der Hellanodikeon (Ἑλλα-νοδικεῖον), wurde ihnen zur Ausübung ihrer vielseitigen Thätigkeit überwiesen; sie erhielten von den sogenannten Nomophylakes Unterweisung in allem, was sich auf ihr Amt bezog. Sie hatten die Meldungen derjenigen, die sich an den Wettkämpfen beteiligen wollten, rechtzeitig entgegen zu nehmen und dafür zu sorgen, daß die Vorschriften, die für die Lebensweise der Wettkämpfer gegeben waren, genau beobachtet und letztere eidlich verpflichtet wurden, sie zu befolgen. Desgleichen lag ihnen ob, alles, was für die Anordnung der Wettfahrten erforderlich war, vorher zu besorgen und dabei auf Grund eines feierlichen Eides streng rechtlich zu verfahren. Begann die Festfeier, so legten sie ein Purpurgewand (ἡ πορφυρίς) an und schmückten sich mit Lorbeerkränzen; daß sie bei den Spielen einen hervorragenden Platz einnahmen, der sie befähigte, den Ausgang des Wettkampfs klar zu erkennen, lag in der Natur der Sache. Wie sie dazu auserlesen waren, den Siegern einen Palmenzweig zu überreichen und bei der feierlichen Preisverteilung auf das Haupt der Sieger den mit Binden (Tänien) umwundenen Olivenkranz zu setzen, so veranlaßten sie auch die Eintragung derselben in das amtliche Verzeichnis und sorgten dafür, daß die Bestimmungen über die Bildsäulen, die den Siegern errichtet wurden, die gebührende Beachtung fanden.

Wenn das Kollegium der Hellanodiken in seinen Entscheidungen auch nicht als die letzte Instanz angesehen wurde, sondern in streitigen Fällen eine Berufung an den olympischen Rat (ἡ βουλή) möglich war, den angesehene, vermutlich auf Lebenszeit gewählte elische Bürger bildeten, so hatte eine solche doch nur insofern einen Erfolg, als hinterher eine Verurteilung der Hellanodiken zu einer Geldbuße stattfinden konnte: an der Entscheidung selbst wurde aber nichts geändert. Fehlen uns auch nähere Angaben darüber, wann die Hellanodiken nach Olympia übersiedelten, so ist es doch von vornherein wahrscheinlich, daß es geraume Zeit vor dem Beginn der Feier geschah: galt es doch, die Gesandtschaften der verschiedenen Staaten zu empfangen, sowie für die Unterbringung der Wettkämpfer und der Rosse, die an den Wettfahrten teilnehmen sollten, die nötigen Weisungen zu geben. Um die Ordnung aufrecht zu erhalten und erforderlichenfalls auch strafend einzugreifen, stand ihnen eine Anzahl von Polizisten (ἀλύται) zur Verfügung, die mit Stöcken bewaffnet waren (ῥαβδοῦχοι) und unter der Leitung eines Polizeidirektors (ἀλυτάρχης) standen. Daß außerdem eine große Anzahl von Künstlern, Handwerkern und Arbeitern herangezogen wurde, um alles instandzusetzen und dem ganzen Platze ein festliches Aussehn zu geben, war durch die Größe und Bedeutung der Feier bedingt. Es war sicherlich keine leichte Aufgabe, den vielseitigen Anforderungen zu genügen und alles so anzuordnen, daß keine Störung die festlichen Tage trübte.

Wohl war der Olivenkranz, den die Sieger aus den Händen der Hellanodiken empfingen, der Preis, der am höchsten im Werte stand, aber die äußere Anerkennung ihrer Tüchtigkeit war nicht darauf beschränkt. Wer als Olympionikes öffentlich anerkannt war, erhielt damit das Recht, eine Ehrenstatue auf der Altis aufstellen zu dürfen, und gehörte er zu den Bevorzugten, die dreimal diesen Ruhm erlangt hatten, so wurde ihm die Erlaubnis erteilt, der Statue durch den ausführenden Künstler Porträt= ähnlichkeit geben zu lassen. Als ein Beispiel dafür mag der oben abgebildete Bronzekopf genügen (siehe Seite 72), der in Olympia ausgegraben ist. Wie reich die Altis einst mit solchen Statuen geschmückt gewesen sein muß, läßt sich leicht ermessen. Wir haben schon oben erwähnt, daß Pausanias noch 230 solcher Ehrendenkmäler vorfand, als er im zweiten Jahrhundert nach Chr. die Feststätte besuchte, also zu einer Zeit, wo sicherlich durch die römischen Eroberer schon viele derselben als wertvolle Beute fort= geschleppt waren.

Wie aber der Festplatz selbst die Erinnerung an den Sieger auf diese Weise für die spätere Zeit erhielt, so sah auch die Vaterstadt, welcher der Sieger angehörte, es als eine Ehrenpflicht an, ihm bei seiner Heimkehr, die sich für die ganze Gemeinde zu einem wahren Freudentage gestaltete, zu bezeugen, wie hoch sie sein Verdienst und den Ruhm zu schätzen wisse, den er durch seine That in ganz Griechenland der Heimat verschafft hatte. Die Gemeinde bereitete ihm nicht nur einen festlichen Empfang, wenn er wie ein Triumphator[1]) mit einem Viergespann weißer Rosse und im Purpurgewande seinen Einzug hielt, sondern ließ ihm auch noch besondere Vergünstigungen, wie z. B. Befreiung von Steuern und Speisung auf Staatskosten im Prytaneion zu teil werden. Ja man legte sogar wohl einen Teil der Stadtmauer nieder und ließ den Sieger nicht durch das Thor einziehen, um dadurch symbolisch anzudeuten, daß eine Stadt, die einen solchen Bürger zu den Ihren zähle, Mauern zu ihrer Verteidigung nicht mehr nötig habe.[2]) All dieser äußere Glanz war vergänglich; er war

---

[1]) Nicht mit Unrecht sagt Cicero, pro Flacco cap. 13 im Hinblick auf diese dem Sieger erwiesenen Ehren: hoc (d. h. ein Olympionikes zu sein) est apud Graecos prope maius et gloriosius quam Romae triumphasse.

[2]) Plutarch. Sympos. II, 5: Τὸ τοῖς νικηφόροις εἰσιοῦσι τῶν τειχῶν ἐφίεσθαι μέρος διελεῖν καὶ καταβάλλειν τοιαύτην ἔχει διάνοιαν, ὡς οὐ μέγα πόλει τειχῶν ὄφελος ἄνδρας ἐχούσῃ μάχεσθαι δυναμένους καὶ νικᾶν.

nicht dazu angethan, den Namen des Siegers der Nachwelt zu
überliefern; selbst von den Bildsäulen und Ehreninschriften sind
uns nur schwache Trümmer erhalten. Aber unvergänglichen Ruhm
haben die Sieger davon getragen, die den Vorzug hatten, von
Dichtern wie Simonides von Keos oder von Pindar aus Theben
im Liede verherrlicht zu werden, der selbst von sich sagt: „Ich bin
kein Erzbildner, was ich schaffe, bleibt nicht mit träger Fußsohle
auf dem Gestelle stehen." Wir müssen es als einen besondern
Glückszufall ansehn, daß uns die Siegeslieder dieses Dichters
erhalten sind, der 522 v. Chr. geboren wurde und zu einer Zeit
dichtete, wo Griechenland nach dem ruhmreichen Kampf gegen die
Perser einen glänzenden Aufschwung nahm. Da er erst in
seinem achtzigsten Jahr aus dem Leben geschieden sein soll, so hat
er gerade in einer Zeit gedichtet, in der die Künste und Wissen=
schaften eine eifrige Pflege fanden und die Menge den Worten
der Dichter andachtsvoll lauschte. Unter seinen Siegesliedern (τὰ
ἐπινίκια) befinden sich auch vierzehn olympische Oden; da die
Wettkämpfe in Olympia alle anderen an Bedeutung überragten,
so füllen sie das erste Buch. Sie dienten dazu, den Glanz der
Feier zu erhöhen, die dem Sieger zu Ehren bei seiner Rückkehr
in die Heimat veranstaltet wurde. Waren diese Gedichte recht
eigentlich Gelegenheitsgedichte, so verschmähte es doch der Dichter,
die Person des Siegers in den Vordergrund zu rücken und seiner
Verherrlichung einen größern Abschnitt in dem Festgesange zu
widmen. Vielmehr erging er sich in dem Lobe des Vaters und
der Ahnen, behandelte in ungewöhnlicher Breite die Mythen, die
mit dem Orte in Beziehung standen, und pries mit frommem
Sinn die Macht der Götter und die Stärke der Heroen.

Für uns ist es nicht leicht, den Gedankengang in diesen
Dichtungen zu verfolgen und die Wirkung zu ermessen, die sie auf
die Zeitgenossen sicherlich ausgeübt haben müssen. Wir dürfen
bei der Beurteilung derselben aber auch nicht vergessen, daß sie
nicht dazu bestimmt waren, recitiert zu werden, sondern daß sie
gesungen wurden und von sorgfältig vorher eingeübten Tanz=
bewegungen begleitet waren. Es ist als sicher anzunehmen, daß
der Dichter auch die Komposition lieferte und bei der Ein=
studierung des Tanzes als Chormeister thätig war. Wird schon
der Genuß dieser Siegeslieder dadurch wesentlich für uns beein=
trächtigt, daß wir nur den Text derselben vor uns haben und

uns von der Wirkung, die dieser in Verbindung mit der Musik und Tanzkunst ausgeübt haben muß, keine Vorstellung mehr machen können, so wird das Verständnis noch dadurch erschwert, daß viele Beziehungen in den behandelten Sagen unklar sind, und das Bestreben des Dichters, seine tiefen Gedanken in eine möglichst knappe Form zu bringen, der Klarheit nicht selten empfindlichen Abbruch gethan hat. So muten uns diese Dichtungen fremdartig an und besitzen nicht die Fähigkeit, uns zu fesseln. Immerhin aber sind sie uns ein schlagender Beweis dafür, daß die Festspiele, und unter ihnen nicht am wenigsten die zu Olympia, auf die Poesie der damaligen Zeit befruchtend wirkten und damit einem hohen und edeln Zwecke dienten. Auf diesen segensreichen geistigen Einfluß noch mit einigen Worten hinzuweisen, möge uns gestattet sein, ehe wir dieses Kapitel schließen.

Dienten die olympischen Festspiele auch in erster Linie dazu, körperliche Geschicklichkeit und körperliche Kraft in der großen Festversammlung zu beweisen, und waren auch die Wettkämpfe gymnischer, nicht musischer Art, so förderten sie doch daneben auch höhere Interessen; denn sie befruchteten das litterarische und künstlerische Leben in ganz Griechenland. In einer Zeit, in der es die Verhältnisse noch nicht gestatteten, geistige Erzeugnisse schnell in das Publikum zu bringen und sich dadurch einen Namen zu machen, war diese regelmäßige Zusammenkunft des hellenischen Volkes das beste Mittel, um diesem Mangel nach Möglichkeit abzuhelfen. Kein Wunder, daß berühmte Dichter, Schriftsteller, Redner und Philosophen nach Olympia pilgerten, um sich dort hören zu lassen und sich bekannt zu machen. So soll nach einer Nachricht bei Lucian Herodot einen Teil seines Geschichtswerkes in Olympia vorgelesen haben. Ferner hielt hier Gorgias aus Leontini seine berühmte olympische Rede; der Panegyrikus des Isokrates sowie die olympische Rede des Lysias waren wenigstens dazu bestimmt, bei den Olympien vorgetragen zu werden.

Ebenso wanderten berühmte Feldherrn und angesehene Staatsmänner nach Olympia, um sich dort dem Volke zu zeigen und seine Gunst zu erwerben. So hören wir, daß Themistokles einige Jahre nach der Schlacht bei Salamis bei seinem Erscheinen an dem festlichen Orte der Gegenstand einer lebhaften Ovation wurde und für seine Befreiungsthat den lebhaftesten

Dank erntete. Und wie ihm die festliche Menge zujubelte, so wurde auch einer andern Nachricht zufolge dem „letzten der Hellenen" Philopömen bei seiner Anwesenheit eine begeisterte Huldigung dargebracht. Kein Ort war zugleich geeigneter, um große politische Handlungen in weiten Kreisen bekannt zu machen; so wurden dort wichtige Schriftstücke verlesen und bedeutungsvolle Verträge in Stein und Erz eingegraben und in der Altis zu allgemeiner Kenntnisnahme aufgerichtet. Für Künstler endlich gab es keinen geeigneteren Ort, ihre Werke aufzustellen und dadurch die Augen des hellenischen Volkes auf sich zu ziehn.

Nicht zum wenigsten ist es diesen eben erwähnten Umständen zuzuschreiben, daß die olympischen Festspiele sich eines so hohen Rufes in allen Schichten der Bevölkerung erfreuten, sich trotz aller Widerwärtigkeiten so viele Jahrhunderte hindurch erhielten und eine Generation nach der andern zu frohem Zusammensein vereinigten. Sie waren aus dem Charakter des Volks heraus erwachsen und wurzelten aus diesem Grunde so tief in seinem ganzen Leben, daß sie auch noch weiter bestanden, als die politische Freiheit des Landes unwiederbringlich dahin war und fremde Einflüsse sich mehr und mehr geltend machten. Wir werden vergeblich bei einem andern Kulturvolke eine Einrichtung suchen, die mit diesen nationalen Festspielen in Vergleich gestellt werden kann. —

Wie tief das Interesse für diese einzigartige Festfeier in dem hellenischen Volksgeiste wurzelte, das zeigt uns am besten die Geschichte, die uns Herodot in seinem Werke[1]) berichtet. Selbst in der Zeit, als sich die Heeresmassen des Perserkönigs Xerxes gegen Griechenland heranwälzten und die politische Freiheit und Selbständigkeit des Volkes bedrohten, ließen sich die Hellenen nicht abhalten, die olympischen Festspiele zu feiern. Durch arkadische Flüchtlinge wurde dem König davon Meldung gemacht, und als er auf seine Frage, was denn der Kampfpreis sei, die Antwort erhielt, die Griechen kämpften nur um den Kranz des Ölbaums, da glaubte er, einem solchen Volke gegenüber leichtes Spiel zu haben. Ein persischer Großer aber, Tigranes, des Artabanos Sohn, beurteilte das Wesen des hellenischen Volkes besser und sprach zum Feldherrn des Xerxes, Mardonius, die

---

[1]) Buch VIII, 26.

bedeutungsvollen Worte: „Wehe, Mardonius, gegen was für Männer hast du uns geführt, die nicht um Schätze Wettkämpfe halten, sondern um Männertugend."[1])

Und diese Männertugend, die den Hellenen zur Freiheitsliebe begeisterte, ließ das griechische Volk nicht nur in jenen Zeiten die Gefahr, die ihm von dem mächtigen Könige des Orients drohte, in einem rühmlichen Kampfe glücklich abschlagen, sondern weckte und förderte auch in ihm die geistigen Anlagen, mit denen es in so hervorragender Weise von der Natur ausgestattet war, und ließ es auf dem Gebiete der Litteratur und Kunst Werke hervorbringen, die ihren bildenden und veredelnden Einfluß auf viele andere Nationen und nicht zum wenigsten auch auf das deutsche Volk ausgeübt haben.

Im Hinblick auf die geistige Förderung, die wir den Hellenen verdanken, und die sie mit uns innerlich so eng verbindet, sagte Ernst Curtius zu einer Zeit, wo Olympia noch tief unter der Erde schlummerte und der Wunsch, die Schätze des heiligen Orts zu heben, noch seiner Erfüllung harrte, am Schlusse seines begeisterten und begeisternden Vortrags:[2]) „Was dort in dunkler Tiefe liegt, ist Leben von unserm Leben. Wenn auch andere Gottesboten in die Welt ausgegangen sind und einen höheren Frieden verkündet haben als die olympische Waffenruhe, so bleibt Olympia doch auch für uns ein heiliger Boden, und wir sollen in unsere, von reinerem Lichte erleuchtete Welt herübernehmen den Schwung der Begeisterung, die aufopfernde Vaterlandsliebe, die Weihe der Kunst und die Kraft der alle Mühsale des Lebens überdauernden Freude."

Olympia ist von neuem erstanden, und wenn wir es auch lebhaft beklagen müssen, daß rohes Barbarentum und blinder Fanatismus so viel von den Kunstschätzen der bedeutungsvollen Feststätte für immer vernichtet haben, so wollen wir uns doch aufrichtig freuen, daß durch diese Wiederentdeckung unsere Kenntnisse über die Kultur der Griechen, dieses einziggearteten Volkes, eine so erfreuliche Bereicherung erfahren haben. Daß die olym-

---

[1] Herod. VIII, 26: Παπαῖ, Μαρδόνιε, κοίους ἐπ᾽ ἄνδρας ἤγαγες μαχησομένους ἡμέας, οἳ οὐ περὶ χρημάτων τὸν ἀγῶνα ποιεῦνται, ἀλλὰ περὶ ἀρετῆς.

[2] E. Curtius, Altertum und Gegenwart Bd. II, S. 156.

pischen Spiele wie alle menschlichen Einrichtungen auch ihre
Schattenseiten gehabt haben, indem sie der körperlichen Geschicklich=
keit und Kraft eine nach unserem Gefühl übertriebene Bedeutung
beilegten und Handlungen, die nach unserm Empfinden roh und
unmenschlich erscheinen müssen, ungestraft geschehn ließen, daß sie
ferner trotz ihres nationalen Charakters nicht imstande gewesen
sind, die politische Zerrissenheit, an der das in so viele selb=
ständige Staaten zerfallende Land krankte, zu ersticken und eine
auf das Wohl des großen Ganzen gerichtete Vaterlandsliebe zu
zeitigen, wollen wir nicht in Abrede stellen. Bei allen diesen
Mängeln bleibt aber doch die Thatsache bestehen, daß die Er=
reichung menschlicher Vollkommenheit, der sogenannten Kalokagathie
($\kappa\alpha\lambda o\kappa\alpha\gamma\alpha\vartheta\iota\alpha$), die nach der Anschauung des Hellenen auf einer
harmonischen Ausbildung der körperlichen und geistigen Kräfte be=
ruhte, durch die öffentlichen Spiele und ganz besonders durch die
olympischen in hervorragender Weise gefördert worden ist. Der
Forderung des Sokrates, es sei Pflicht des Menschen, danach zu
streben, nicht nur geistig, sondern auch körperlich so schön d. h.
so vollkommen als möglich zu werden, wurde in den Festspielen
ganz besonders Rechnung getragen. Sind auch unsere An=
schauungen durch die Einwirkung der christlichen Religion in
vielen Beziehungen andere und bessere geworden, so werden wir
doch einem Volke unsere Bewunderung nicht versagen, das zu Ehren
der Götter seine körperlichen Kräfte in fröhlichem Wettkampfe übte,
sich dabei seiner Zugehörigkeit zu einem großen Ganzen bewußt
wurde, in diesem Bewußtsein mit einem auf das Schöne und
Maßvolle gerichteten Sinn auch auf geistigem Gebiete hohen,
idealen Zielen zustrebte und Werke schuf, die mustergültig ge=
blieben sind bis auf unsere Zeit.

Anhang.

**Nachweis von Abbildungen aus den Werken, welche in
neuster Zeit für den Gebrauch an höheren Lehranstalten
veröffentlicht worden sind.**

Wenn auch die vorliegende Schrift in erster Linie die Schüler in den
Stand setzen soll, sich durch eigene Lektüre mit der Feststätte Olympia und
den durch die dortigen Ausgrabungen erzielten Ergebnissen näher bekannt zu
machen, so dürfte sie doch auch zugleich geeignet sein, dem Lehrer, dem die

Einführung der Jugend in das klassische Altertum obliegt, beim Unterricht als Unterlage zu dienen. Daß in diesem Falle die Heranziehung der vortrefflichen Hilfsmittel wünschenswert ist, welche zur Erweckung des Interesses für die antike Kunst in der neusten Zeit erschienen sind und ganz besonders der Förderung des Kunstsinns an den höheren Lehranstalten dienen wollen, steht außer aller Frage. Dieser Umstand giebt mir Veranlassung, in aller Kürze auf Abbildungen der in meiner Schrift erwähnten Kunstwerke hinzuweisen, die dieselben in vollendeterer Form zur Anschauung bringen, als es bei den dem Texte beigefügten Darstellungen möglich ist. Ich darf wohl annehmen, daß bei der Bedeutung, die gegenwärtig mit vollem Recht der Unterweisung der Jugend auf diesem Gebiete des klassischen Altertums beigelegt wird, sich wenigstens eins der von mir nachstehend genannten Werke in dem Besitze einer jeden höheren Lehranstalt befindet, so daß es für den besagten Zweck beim Unterricht verwertet werden kann. Zur Erläuterung der in der nachstehenden Aufzählung verwandten Abkürzungen diene folgendes:

1. Be. Kl. B. = Bender, Anthes und Forbach, Klassische Bildermappe. Abbildungen künstlerischer Werke zur Erläuterung wichtiger Schulschriftsteller. 10 Hefte. Darmstadt, Zedler und Vogel, 1890—1893.

2. D. gr. u. r. St. = Denkmäler griechischer und römischer Skulptur. Auswahl für den Schulgebrauch aus der von Heinrich Brunn † und Friedr. Bruckmann herausgegebenen Sammlung. Im Auftrage des K. Bayerischen Staatsministeriums des Innern für Kirchen- und Schulangelegenheiten veranstaltet und mit erläuterndem Text versehen von A. Furtwängler und H. L. Urlichs. München, 1895—1897. Verlagsanstalt Friedrich Bruckmann A.-G. 5 Lieferungen.[1])

3. H. B. z. M. u. G. = Hoppe, Bilder zur Mythologie und Geschichte der Griechen und Römer. 30 Tafeln in Lichtdruck. Vom K. K. Ministerium für Kultus und Unterricht empfohlen. Wien, Graeser, 1896.

4. L. Gr. G. u. H. = Jos. Langl, Griechische Götter und Heldengestalten, nach antiken Bildwerken gezeichnet und erläutert. Wien, A. Hölder, 1887.

5. Kl. St.-Sch. = Klassischer Skulpturenschatz, herausgegeben von F. v. Reber und A. Bayersdorfer. München, Bruckmann, A.-G. 1. Jahrgang, 1897, 2. Jahrgang, 1898.

6. S. W.-B. = Seemanns Wandbilder. Eine Sammlung von Meisterwerken der bildenden Kunst. 10 Lieferungen à 10 Blatt. Leipzig, Seemann, 1898.

Zu S. 24. Hermes des Praxiteles: Be. Kl. B. Heft III, 2. — D. gr. u. r. St. Lieferung V, Nr. 44 (Kopf des Hermes). — S. W.-B., Lieferung III, Nr. 2 (ergänzt von J. Schaper und O. Rühm). — L. Gr. G. u. H. Taf. XXII (Ergänzung mit der Weintraube); ebendaselbst S. 77. (Ergänzung mit dem Thyrsos.)

Zu S. 24. Der Künstler Praxiteles. Der Einfluß seines Vaters

---

[1]) Ganz vor kurzem ist im Anschluß an das größere Werk in gleichem Verlage eine „Handausgabe" erschienen, die namentlich auch für die höheren Lehranstalten bestimmt ist. Es sei auf dieses ebenso billige wie vortrefflich ausgestattete Werk in empfehlender Weise aufmerksam gemacht.

Kephisodot ist sichtbar an der berühmten Gruppe Eirene und Plutos: L. Gr. G. u. H. Taf. XL; ebendas. S. 131 mit Ergänzung. — D. gr. u. r. St., Lieferung II, Nr. 13. — Von andern Werken, die auf Praxiteles zurückgeführt werden, lassen sich heranziehen:

a) Eros von Centocelle (s. Seite 25): Be. Kl. B. Heft III, 1. — L. Gr. G. u. H. S. 64.

b) Aphroditekopf nach Praxiteles (Marmorkopf aus Tralles in Karien): D. gr u. r. St. Lieferung V, Nr. 45.

c) Büste des Eubuleus aus Eleusis: D. gr. u. r. St. Lieferung IV, Nr. 34.

Zu S. 31 ff. Giebelfelder des Zeustempels in Olympia. Die beste Anschauung bietet: Die Giebelgruppen des Zeustempels in Olympia in ihrer Aufstellung und Ergänzung im Albertinum zu Dresden, der 44. Versammlung deutscher Philologen und Schulmänner im Namen der K. Skulpturensammlung zu Dresden gewidmet von G. Treu. Dresden, Stengel und Markert. Das Blatt ist im Buchhandel nicht zu haben.[1]) Es empfiehlt sich, zur Würdigung dieser Skulpturen heranzuziehen:

a) Die Giebelfelder des Athenatempels in Ägina, welche einer früheren Zeit angehören: D. gr. u. r. St. Lieferung III, Nr. 21. — Kl. St.-Sch. Jahrgang I, Heft 9, 1 und Jahrgang II, Heft 10, 1. — L. Gr. G. u. H. S. 13.

b) Figuren aus dem Parthenongiebel in Athen, welcher einer späteren Zeit angehört: D. gr. u. r. St. Lieferung II, Nr. 12 (drei weibliche Figuren) und Lieferung II, Nr. 15 (eine männliche liegende Figur). — Kl. St.-Sch., Jahrgang I, Heft 19, 1 und Jahrgang I, Heft 21, 1. — L. Gr. G. u. H. S. XIX.

Zu S. 55. Zeus von Otricoli: Be. Kl. B. Heft I, 2. — H. B. . M. u. G. Lieferung I, Nr. 6. — D. gr. u. r. St., Lieferung IV, Nr. 35. — S. W.-B. Lieferung I, Nr. 8. — L. Gr. G. u. H. Taf. I.

Zu S. 57. Nike des Paionios: D. gr. u. r. St. Lieferung IV, Nr. 32 (nach der Ergänzung von Rich. Grüttner). — S. W.-B. Lieferung VI, Nr. 2 Ergänzung von Oskar Nühm. — L. Gr. G. u. H. S. 85 (Ergänzung mit Kranz und Palme. Zum Vergleich ist heranzuziehen die Viktoriastatuette aus dem Münchener Antiquarium (s. S. 59 Anm.): Be. Kl. B. Heft IV, Nr. 2.

Zu S. 65. Diskoswerfer nach Myron: Be. Kl. B. Heft III, Nr. 3. — Diskobol des Naukydes oder Alkamenes (siehe S. 64). Kl. St.-Sch. Jahrgang II, Heft 11, 1.

Zu S. 70. Apoxyomenos des Lysippos. Marmorstatue nach Lysipp im Vatikan zu Rom: D. gr. u. r. St. Lieferung V, Nr. 46. — Kl. St.-Sch. Jahrg. I, Heft 15, 1.

Zu S. 74. Herkules Farnese: Be. Kl. B. Heft VI, Nr. 3. — L. Gr. G. u. H. Taf. XLIV.

---

[1]) Nach demselben sind die dieser Schrift beigefügten Abbildungen in verkleinertem Maßstabe angefertigt.

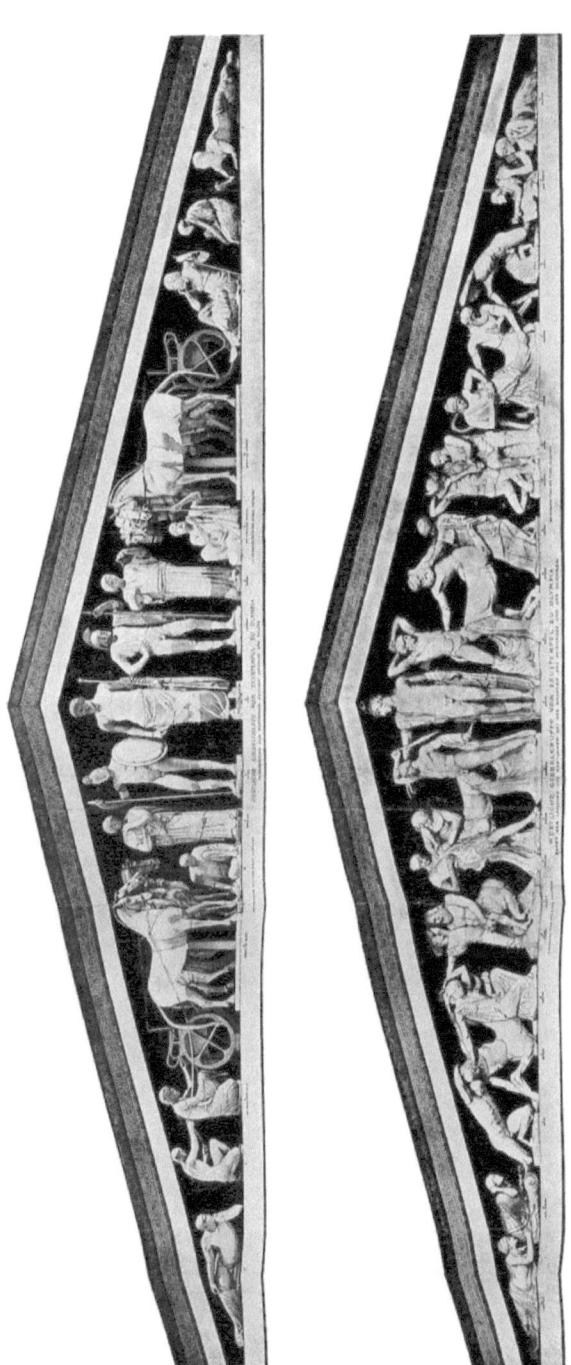

Östliche und westliche Giebelgruppe vom Zeustempel zu Olympia (zu S. 31 ff.). Nach der Anordnung von Professor Treu in Dresden.

www.ingramcontent.com/pod-product-compliance
Lightning Source LLC
Chambersburg PA
CBHW021900230426
43671CB00006B/460